I0902252

# NUESTROS DOCE PASOS

Miembros relatan de qué manera
los Doce Pasos de AA han
transformado su manera de vivir

# LIBROS PUBLICADOS POR AA GRAPEVINE, INC

## EN ESPAÑOL

*El lenguaje del corazón*

*Lo mejor de Bill*
(también formato eBook)

*El grupo base: Corazón de AA*

*Lo mejor de La Viña*

*Felices, alegres y libres*
(también formato eBook)

*Un día a la vez*
(también formato eBook)

*Frente A Frente*
(también formato eBook)

*Bajo El Mismo Techo*
(también formato eBook)

*Sobriedad emocional*
(también formato eBook)

*Oración y Meditación*
(también formato eBook)

*Mujeres en AA*
(también formato eBook)

*Lo mejor de La Viña II*

---

## EN INGLÉS

*The Language of the Heart*
(también formato eBook)

*The Best of the Grapevine Volumes I, II, III*
(también formato eBook)

*The Best of Bill*
(también formato eBook)

*Thank You for Sharing*

*Spiritual Awakenings I & II*
(también formato eBook)

*I Am Responsible: The Hand of AA*

*Emotional Sobriety I & II—The Next Frontier*
(también formato eBook)

*In Our Own Words: Stories of Young AAs in Recovery*
(también formato eBook)

*Beginners' Book*
(también formato eBook)

*Voices of Long-Term Sobriety*
(también formato eBook)

*A Rabbit Walks Into A Bar*

*Step by Step—Real AAs, Real Recovery*
(también formato eBook)

*Young & Sober*
(también formato eBook)

*Into Action*
(también formato eBook)

*Happy, Joyous & Free*
(también formato eBook)

*One on One*
(también formato eBook)

*No Matter What*
(también formato eBook)

*Grapevine Daily Quote Book*
(también formato eBook)

*Sober & Out*
(también formato eBook)

*Forming True Partnerships*
(también formato eBook)

*Our Twelve Traditions*
(también formato eBook)

*Making Amends*
(también formato eBook)

*Voices of Women in AA*
(también formato eBook)

*AA in the Military*
(también formato eBook)

*One Big Tent*
(también formato eBook)

*Take Me to Your Sponsor*
(también formato eBook)

*Free on the Inside*
(también formato eBook)

*Prayer & Meditation*
(también formato eBook)

*Fun in Sobriety*
(también formato eBook)

*The Home Group: Heartbeat of AA-30th Anniversary Ed.*
(también formato eBook)

---

## EN FRANCÉS

*Le langage du coeur*

*Les meilleurs articles de Bill*

*Le Groupe d'attache: Le battement du coeur des AA*

*En tête à tête*
(también formato eBook)

*Heureux, joyeux et libres*
(también formato eBook)

*La sobriété émotive*

# NUESTROS DOCE PASOS

Miembros relatan de qué manera
los Doce Pasos de AA han
transformado su manera de vivir

AAGRAPEVINE, Inc.

Nueva York, Nueva York

www.aagrapevine.org

475 Riverside Drive
New York, New York 10115

ISBN: 978-1-938642-15-9
Impreso en Canadá

# Preámbulo de AA

Alcohólicos Anónimos es una comunidad de personas que comparten su mutua experiencia, fortaleza y esperanza para resolver su problema común y ayudar a otros a recuperarse del alcoholismo.

El único requisito para ser miembro de AA es el deseo de dejar la bebida. Para ser miembro de AA no se pagan derechos de admisión ni cuotas; nos mantenemos con nuestras propias contribuciones.

AA no está afiliada a ninguna secta, religión, partido político, organización o institución alguna; no desea intervenir en controversias, no respalda ni se opone a ninguna causa.

Nuestro objetivo primordial es mantenernos sobrios y ayudar a otros alcohólicos a alcanzar el estado de sobriedad.

# Índice

## TERCER PASO

Decidimos poner nuestras voluntades y nuestras vidas al cuidado de Dios, *como nosotros lo concebimos.*



## CUARTO PASO

Sin miedo hicimos un minucioso inventario moral de nosotros mismos.



## QUINTO PASO

Admitimos ante Dios, ante nosotros mismos, y ante otro ser humano, la naturaleza exacta de nuestros defectos.

## SEXTO PASO

Estuvimos enteramente dispuestos a dejar que Dios nos liberase de nuestros defectos.



## SÉPTIMO PASO

Humildemente le pedimos que nos liberase de nuestros defectos.



## OCTAVO PASO

Hicimos una lista de todas aquellas personas a quienes habíamos ofendido y estuvimos dispuestos a reparar el daño que les causamos.

## NOVENO PASO

Reparamos directamente a cuantos nos fue posible el daño causado, excepto cuando el hacerlo implicaba perjuicio para ellos o para otros.



## DÉCIMO PASO

Continuamos haciendo nuestro inventario personal y cuando nos equivocábamos lo admitíamos inmediatamente.



## UNDÉCIMO PASO

Buscamos a través de la oración y la meditación mejorar nuestro contacto consciente con Dios, *como nosotros lo concebimos*, pidiéndole solamente que nos dejase conocer Su voluntad para con nosotros y nos diese la fortaleza para cumplirla.

**DUODÉCIMO PASO**

Habiendo obtenido un despertar espiritual como resultado de estos pasos, tratamos de llevar el mensaje a los alcohólicos y de practicar estos principios en todos nuestros asuntos.

# Bienvenido

Una noche de 1938, mientras el cofundador de AA "Bill W." escribía dentro de un edificio de ladrillo rojo de Brooklyn el libro que luego se convertiría en *Alcohólicos Anónimos* (conocido por los miembros de AA como el Libro Grande), llegó a un capítulo al que tituló "Cómo funciona".

Y allí se detuvo. ¿Cómo les explicaría a los alcohólicos desesperados el camino hacia la sobriedad?

La respuesta, que Bill garabateó en las hojas de papel amarillo que usaba para escribir, se convirtió en los Doce Pasos de AA. Vagamente basados en cuatro preceptos del Grupo Oxford, los Pasos cambiarían para siempre la idea de recuperación del alcoholismo.

*Nuestros Doce Pasos*, el primer libro sobre historias de los Pasos publicado por AA Grapevine en más de doce años, incluye experiencias recientes y auténticas de miembros que han visto y sentido de primera mano cómo los Pasos pueden transformar nuestra vida, al mismo tiempo que nos guían por el sendero de la sobriedad. Como escribe Mitchell K. en su perspicaz historia "No hay una línea de llegada", eliminar el alcohol, encontrar y mejorar una conexión espiritual, analizar los problemas que nos hacían beber, ser honestos con las demás personas y tender la mano para ayudar a otros alcohólicos es, "un manual para una vida libre de alcohol (o de cualquier otra conducta que me impida vivir la vida al máximo)".

En estas historias, todas publicadas originalmente en el Grapevine, alcohólicos de todas las edades y orígenes describen sus experiencias personales con el poder de los Pasos: vidas reconstruidas, relaciones restauradas, sueños recuperados. Estos son esenciales para la sobriedad en AA y para ayudar a nuestros compañeros alcohólicos que sufren. Como escribió el Dr. Bob, cofundador de AA, en lo que sería su último discurso para AA en 1950: "Si resumimos nuestros Doce Pasos a su mínima expresión, su esencia está en las palabras amor y servicio".

# INTRODUCCIÓN: UNA COSTUMBRE PARA TODA LA VIDA

*Una frase que comúnmente se usa en AA es que una persona "trabaja" los Pasos, lo que implica poner manos a la obra y muchas tazas de café (¡y en parte es así!). Pero también existe la sensación en muchos alcohólicos de que, luego de estudiarlos y ponerlos en práctica, los Pasos continúan trabajando en nosotros. Desde el momento en que un alcohólico decide dejar de beber hasta el día en que se ofrece de forma voluntaria para ayudar a que otro alcohólico deje de beber, los Pasos guían nuestras acciones. Representan un avance hacia la sobriedad, una forma de interpretar el mundo y el lugar que uno ocupa en este sin el filtro distorsionador del alcohol. "Mi recorrido con los Pasos continúa", escribe Dwight H. en "Doce motivos para quedarme". "Ahora percibo las cosas de una manera diferente. Cuando me siento inquieto, irritable y disgustado, tengo herramientas espirituales que puedo usar". En definitiva, las historias de este capítulo introductorio ilustran de qué modo los Doce Pasos de AA les proporcionan a todos, tanto a los recién llegados como a los veteranos, una guía práctica y espiritual para la recuperación continua del alcoholismo.*

# Un tesoro para compartir

Julio de 2023

Nada me gusta más que ser madrina de una mujer que está dispuesta a hacer el trabajo para llevar una vida sobria y feliz. Mi goce y mi don es guiarla a través de nuestros Pasos, como mis propias madrinas lo hicieron conmigo.

Recuerdo que un día le pregunté a mi madrina durante mi etapa inicial de sobriedad: "¿Cuándo seré la madrina de alguien?" ¿Y qué me respondió? "Cuando Dios considere que estás lista".

Había finalizado mis Pasos durante el primer año; sin embargo, en aquel momento estaba tan ocupada con mi propia vida y mi recuperación —con una incipiente familia y mi carrera como maestra—, que casi no tenía tiempo. Eso cambió poco tiempo después, cuando acepté a mi primera ahijada.

Es curioso cómo ayudar a otro alcohólico hace que uno vea la vida desde otra perspectiva. Mi primera ahijada vino a mi casa un sábado, después de haber leído "La opinión del médico", el capítulo sobre el Primer Paso en el libro "Doce y Doce" y los capítulos 2 y 3 del Libro Grande. Había enumerado tres hechos específicos para cada persona en su vida sobre cómo su consumo de alcohol les había afectado.

Sí, le había dado mucho trabajo que preparar para nuestra reunión, pero un alcohólico ocupado e inmerso en nuestra literatura tiene menos tiempo para pensar en la bebida. Debo haber llamado a mi madrina cien veces para preguntarle si estaba haciendo bien mi trabajo como madrina. Este recuerdo me hace sonreír. Tener un ahijado es como recibir un regalo frágil, y yo comenzaba a sentir el honor de esta conexión de confianza con otro ser humano.

Veintiocho años después, esta estela de estrellas, los rostros luminosos de los ahijados pasados y presentes, me reconfortan el alma y fortalecen mi sobriedad. Cada uno de ellos me recuerda el caos aterrador en el que me encontraba cuando llegué a mi primera reunión de AA —un lugar sagrado—.

Mis ahijados me han recordado aquel primer año en el que pensaba que jamás dejaría de llorar. Cuando les comparto mis historias avergonzantes sobre los lugares inapropiados en los que tuve que hacer mis "necesidades" estando borracha, veo la vergüenza reflejada en los ojos de las mujeres sentadas frente a mí. Nos reímos mucho de nosotras mismas. Cada vez que escucho un Cuarto Paso, mi vínculo con un Poder Superior se profundiza, al igual que mi fe. El proceso sagrado de escuchar atentamente a otro alcohólico permanece conmigo durante días. Esta guía de vida a la que llamamos Pasos es un tesoro para compartir con quienes así lo quieran. Me recuerda lo afortunada que soy.

Recientemente, una ahijada y yo nos sentamos a la mesa de mi comedor para hablar sobre el Décimo Paso y la importancia de limpiar nuestros defectos a diario para poder ser útiles a los demás. Puse énfasis en las partes del libro "Doce y Doce" que mencionan la importancia de tomar nota sobre las cosas que hemos hecho bien cada día. La mayoría de nosotros somos muy buenos para centrarnos en lo negativo, pero podemos entrenarnos para ver lo positivo si nos acostumbramos.

La fecha de mi sobriedad es el 27 de julio de 1988. Cuando me uní a AA, solo quería dejar de beber. Al seguir los Pasos por primera vez, aprendí sobre la importancia de nutrir y desarrollar mi vida espiritual. Sigo haciéndolo, agradecida por poder ver cómo las mujeres transforman su vida trabajando un Paso tras otro bajo la gracia de un Poder Superior amoroso.

Cynthia F.
Rancho Murieta, California

# No hay una línea de llegada

Junio de 2013

Durante los últimos 20 años he escuchado a las personas decir en las reuniones que "completaron" los Pasos o que están trabajando "en" los Pasos. Dicho así, suena como si hubiera una meta definida que alcanzar, un resultado final. Mi experiencia es diferente. He descubierto que nunca termino con los Pasos, ya que me brindan una estructura para vivir. Antes de AA no tuve ninguna oportunidad de llevar una vida feliz y con propósito. Las pautas antiguas y autoimpuestas que tenía sobre cómo vivir terminaron en desesperación y privación.

Experimento los Pasos a diario; puedo trabajar en cualquiera de ellos en cualquier momento específico del día. Afortunadamente, no los veo como algo que haya que soportar o usar como un medio para alcanzar un fin. Son como un manual para una vida libre del alcohol (o de cualquier otra conducta que me impida vivir la vida al máximo).

Si los Pasos fueran algo que se hace una única vez, estoy seguro de que estaría autoengañándome, ya que una parte de mí es una persona de hábitos. Si no practico constantemente las habilidades para llevar una vida sana y productiva a diario, regresaré a mis antiguas habilidades de afrontamiento, que me mantendrán prisionero de mis pensamientos y conductas irracionales.

Por lo tanto, en lugar de "trabajar" los Pasos, me esfuerzo por convertirlos en una parte integral de mi ser, una plataforma sobre la que pueda vivir en armonía con el ritmo de la vida. Es una forma de experimentar la alegría de vivir.

Mitchell K.
Philadelphia, Pennsylvania

## Doce motivos para quedarme

Septiembre de 2023

Habíamos rezado y finalizado las lecturas. Se habían hecho los anuncios y era el momento del debate en grupos pequeños. Era un martes por la noche, el día en que estudiamos los Pasos. Este grupo analiza una y otra vez nuestro libro *Doce Pasos y Doce Tradiciones*. Llevo años asistiendo a esta reunión.

La sala se llena; reímos y conversamos mucho. Este es mi grupo base y estoy rodeado de amigos, algunos de los cuales conozco desde hace años.

Asisto a las reuniones de literatura desde hace 40 años. Solía asombrarme cómo mi abuelo podía asistir a un estudio bíblico durante 60 años sin aburrirse. Ahora lo entiendo. Siempre hay mucho más para "destapar". He aprendido que, en ocasiones, las palabras y las frases salen de la página solo cuando estoy listo para escucharlas y que la perspectiva de otra persona puede abrirme mundos nuevos.

Me encanta lo que Bill W., nuestro cofundador, escribió en nuestro libro "Doce y Doce".

Lo que he observado las últimas veces que he leído el libro es cómo Bill nos muestra el avance de la sobriedad en cada Paso. Nos lleva por un recorrido que va desde la muerte y la locura hasta un sentido de pertenencia y el goce de una buena vida. Sus palabras establecen un paralelismo con mi propio recorrido. Nos inicia en el Primer Paso con términos como "bancarrota", "derrota total" y "despiadada obsesión". Él dice que la meta es "llegar a tener la amplitud de mente y la buena disposición para escuchar y creer que tienen los moribundos".

Recuerdo vívidamente la noche de 1980 en la que me di cuenta de que moriría si seguía bebiendo y de que no podía dejar la bebida por mí mismo. Estaba aterrorizado. El desafío, la confusión y la irracionalidad son conceptos clave en la esencia del Segundo Paso. Cuando ingresé al programa, me dieron a elegir entre una prisión de Arkansas y un centro de tratamiento. No podía decidir. Tal cual era mi locura.

Finalmente, mi abogado me convenció de que fuera al centro de tratamiento, diciéndome que podía coordinar lo de la prisión luego si yo aún quería.

La clave del Tercer Paso es la buena voluntad. Aquella noche, cuando me di cuenta de que me estaba muriendo debido al alcoholismo, me rendí. Tuve mi propia experiencia con la luz blanca. Elevé mi primera oración sincera: "No puedo manejarlo; lo dejo en tus manos". Ni siquiera sabía a quién dirigir mi oración, pero no importaba. Luego de eso, repetí la oración de la Serenidad y el Salmo 23 una y otra vez hasta quedarme dormido. Cuando desperté, habían desaparecido las ganas de beber.

Sin embargo, el trabajo estaba lejos de haber terminado, ya que el hecho de que se me concediera un respiro de mi compulsión por la bebida no me liberó de esos defectos de carácter que en primer lugar me llevaron a beber. Me llevó más de un año escribir mi Cuarto Paso. Finalmente, tuve que concertar una cita con mi padrino para revisar mi Quinto Paso y completar el trabajo. Aún lo estaba escribiendo cuando nos sentamos. Lejos de ser perfecto, era una prueba tangible de mi buena voluntad de seguir adelante.

Mientras revisábamos mi trabajo, mi padrino me pidió que compartiera qué era lo que más me avergonzaba. Se lo dije, y en voz baja replicó: "Yo también hice eso". A partir de allí, todo fue más fácil. A medida que avanzaba hacia el resto del Quinto Paso, experimenté el final del aislamiento terrible que describía Bill.

En el Sexto Paso, se produjo un cambio real tanto en mi vida como en el debate del Paso en el libro "Doce y Doce". A partir del terror y del desconcierto de los primeros Pasos, comencé a esforzarme por convertirme en una mejor persona. Regreso una y otra vez al Sexto y Séptimo Paso, ya que mis defectos de carácter vuelven a brotar como la hierba mala en un jardín. Con el tiempo, se han eliminado los peores excesos de mis defectos de carácter, aunque las formas más sutiles siempre están esperando resurgir.

El Octavo y Noveno Paso significan un mayor progreso. Leí que "un enfoque sereno e imparcial será nuestra meta constante". Mientras escribía la lista de las personas con las que tenía que hacer reparaciones, me apoyé en mi padrino y en la experiencia de otros miembros del grupo para que me animaran a seguir adelante. Mi padrino me recordaba, una y otra vez, que solo era una lista.

Cuando comencé el Noveno Paso, la mayoría de las reparaciones salieron bien, si bien la persona a la que más había dañado rechazó mi intento de reparación, lo que era comprensible. Me gustaría decir que no vacilé en mi propósito firme y constante, pero me llevó tiempo terminar el Paso. Hoy en día, mi Noveno Paso consiste principalmente en hacer reparaciones vivas.

He descubierto que uno de los beneficios de trabajar el Noveno Paso en profundidad es que hay que hacer menos reparaciones en el Décimo Paso. "La moderación en lo que decimos y escribimos" es más fácil cuando recuerdo que solo tendré que disculparme más tarde. Mantener el equilibrio emocional que se encuentra al trabajar los primeros nueve Pasos es una tarea cotidiana. Como todo el mundo, tengo días mejores que otros. Lo que descubro es que los trastornos emocionales no son tan graves ni tan duraderos.

Los valores positivos permanentes del Décimo Paso se magnifican gracias a la conexión más profunda con mi Poder Superior en el Undécimo Paso. Una y otra vez en el libro "Doce y Doce", Bill desglosa enormes conceptos en fragmentos más pequeños. Uno de los fragmentos más importantes para mí es llamar a la meditación imaginación constructiva. Sentarme en silencio, hacer senderismo, practicar taichí y navegar en kayak me permiten conectar con esa Realidad Superior. Mi Poder Superior siempre está a mi disposición —si estoy dispuesto a pedirlo—. El sentimiento de pertenencia que comenzó con el Quinto Paso se ha convertido en uno de los ejes de mi sobriedad y mi vida.

Finalmente, en el Duodécimo Paso, he pasado de la desesperanza y la muerte a la sobriedad emocional y "la alegría del buen vivir". Tuve un despertar espiritual al trabajar los Pasos. Ahora percibo las cosas de una manera diferente. Cuando me siento inquieto, irritable y disgustado, tengo herramientas espirituales que puedo usar.

Una de las razones por las que sigo asistiendo a las reuniones de AA es que me encanta ver llegar a los nuevos y observar cómo se produce el milagro en ellos con el transcurso del tiempo. Estoy agradecido de poder ser parte de ese milagro de la forma que pueda. Puedo llevar a alguien a su casa. Puedo escuchar. Si me lo piden, puedo compartir mi experiencia. También puedo organizar la sala, preparar café y dar mi número de teléfono.

Una vez que terminamos el Duodécimo Paso del libro, esa sección se da por concluida. Pero mi trabajo con los Pasos no concluye. Al igual que volvemos a comenzar por el Primer Paso y repasar el libro una vez más, mi sobriedad y mi felicidad dependen de que siga trabajando los Pasos continuamente. Es un proceso que disfruto, ya que el Espíritu siempre me acompaña. Mis compañeros de viaje en este estudio de los Pasos son realmente valiosos para mí, ya que siempre hay algo más para aprender.

Comprendo por qué mi abuelo continuaba volviendo al estudio de su propio "libro grande". Si me dieran 20 años más, aún volvería a este.

Dwight H.
Pine Lake, Georgia

# Detalles finos

Junio de 2013

Luego de comprar nuestra casa de 120 años de antigüedad, surgieron muchas sorpresas. Mientras pintábamos cada habitación, descubrimos que las bisagras de las puertas eran obras maestras originales artesanales en cobre y latón, repletas de detalles finos. Sin embargo, las habían pintado en numerosas ocasiones, lo que impedía apreciar su belleza original. En algún momento, alguno de los propietarios anteriores decidió que era más fácil pintarlas que sacarlas, pulirlas y colocarlas nuevamente cada vez que renovaban una habitación. Quizás no creían que las bisagras fueran lo suficientemente importantes como para justificar todo ese trabajo. O bien, tal vez decidieron que, de alguna manera, pintadas lucían mejor. Como sea, estoy segura de que la persona que creó las bisagras jamás tuvo la intención de que lucieran como ahora.

Quitamos las bisagras de todas las puertas y descubrimos que tenían varias capas de pintura. Sabíamos que restaurar las bisagras a su belleza original requeriría mucho trabajo. No tenía idea de cómo hacerlo, así que dediqué cierto tiempo investigando en Internet, hasta que encontré un sitio web que parecía tener las respuestas. Y puse manos a la obra. Primero, herví las bisagras en vinagre, sacándolas frecuentemente para cepillarlas con un cepillo de alambre y eliminar la pintura de los detalles. Tuve que repetir esto varias veces. Luego, preparé una pasta con jugo de limón y bicarbonato sódico. Coloqué esta pasta sobre las bisagras y luego pulí cuidadosamente para darles lustre con un paño suave. También tuve que hacer esto varias veces.

Me sorprendió la transformación que comenzó a ocurrir. Empezaron a surgir los detalles hermosos e intrincados de las bisagras y las vi con una perspectiva totalmente nueva. Me costó mucho trabajo dejarlas como nuevas, pero me sentí orgullosa de haberlas devuelto a su estado original. Sabía que para mantener las bisagras así, debía repetir el mismo proceso periódicamente. Pero mientras las mantuviera pulidas y limpias, se verían así de bien por muchos años.

En realidad, no soy diferente a esas bisagras. El alcoholismo había arrasado con todos los hermosos detalles que hacían que fuera yo. Al pasar mi vida tratando de encajar y cambiando para sentirme aceptada, estaba aplicando capas y capas de pintura sobre mi verdadero yo. Cada nuevo resentimiento que sentía era una capa más de pintura que aplicaba. Pero luego descubrí a AA y me enseñó cómo ir de acá para allá eliminando todas las capas de resentimiento que se habían acumulado a lo largo de mi vida y pulir lo que quedaba al descubierto. El Cuarto y el Quinto Paso son como el vinagre y el cepillo de alambre, que eliminan los resentimientos uno a uno. Hasta que no se eliminan esas capas, no hay nada que pulir. Al trabajar los Pasos, me restauro al estado en el que Dios me creó. De la misma manera que lo hice con las bisagras, es posible que tenga que trabajar los Pasos varias veces antes de restaurarme por completo, y siempre será necesario hacer un mantenimiento de rutina.

Si me descuido de mi programa, o intento una "solución rápida" sin trabajar los Pasos con rigurosa honestidad, sería lo mismo que pasar otra capa rápida de pintura. A corto plazo podrá verse bien; sin embargo, con el tiempo perderá brillo y se volverá feo. Del mismo modo que estuve dispuesta a dedicarle tiempo y esfuerzo a restaurar esas bisagras, debo continuar dedicándome el mismo esfuerzo. ¡Así podré mantener mis detalles finos como los concibió el "artista"!

Mary O.
Lagrange, Illinois

# PRIMER PASO

Admitimos que éramos impotentes ante el alcohol, que nuestras vidas se habían vuelto ingobernables.

*Las historias de este capítulo hablan de la devastación que causa el alcoholismo: la pérdida de la familia, de los amigos, de las carreras profesionales. Pero la liberación tanto de la bebida como del caos de la ingobernabilidad es un alivio extraordinario. Habrá momentos difíciles por delante, intuyen los principiantes de AA; sin embargo, a partir del Primer Paso brota la recompensa de la sobriedad. Como escribe Deborah G. en su historia "Correrá sangre": "Fue en ese momento que me entregué de verdad a AA. Mi vida se había vuelto ingobernable [...] Bebí por última vez el 11 de agosto de 2010, y no extraño eso en absoluto. No quiero regresar jamás a ese lugar oscuro y feo". Muchos miembros de AA recuerdan el Primer Paso como un momento de alegría en el que realmente comenzó su sobriedad.*

# Ingobernable, ¿qué significa?

Enero de 2016

Comencé a beber a los 15 años. El alcohol era divertido y me hacía sentir parte del grupo. Me sacaba las inhibiciones y los sentimientos de inferioridad. Había encontrado el secreto de mi felicidad, y me encantaba. Luego de mi primera experiencia con la bebida, comencé a beber toda vez que podía, siempre para conseguir esa sensación inicial tan evasiva. En ocasiones lo lograba, pero luego siempre me excedía. Como dice el Libro Grande, siempre bebía por el efecto que me producía el alcohol.

Cuando bebía, jamás tenía problemas. Bueno, sí los tenía, pero nunca los experimentaba. Cuando me sentía inquieto, irritable, disgustado, preocupado, triste o deprimido, sabía exactamente qué hacer. Agarraba una botella del "eliminador de problemas" y, ¡puf!, los problemas desaparecían. Consumía alcohol para controlar mi vida y eso funcionó bastante bien durante algunos años.

Al igual que nos pasa a todos, cuando llegué a AA a los 38 años, el alcohol ya no funcionaba. Indudablemente, el alcohol me dominaba, así que no tuve ningún problema con el Primer Paso; al menos con la primera parte. Admití que era impotente ante el alcohol.

Sin embargo, no podía ver que mi vida era ingobernable. Después de todo, aún tenía una esposa encantadora, dos hijos hermosos, una casa bonita y dos autos en el garaje. Me iba bien en el trabajo y seguía avanzando profesionalmente. Creía que mi vida sería perfecta una vez que resolviera ese problemita inoportuno con el alcohol.

Un amigo dijo una vez: "El malestar ("mal estar") del alcoholismo comienza cuando dejamos de beber". ¡Tenía razón! Todos los problemas que había ignorado, todos los sentimientos que había reprimido durante años resurgieron y me golpearon como un tren de carga. Había dejado de beber, pero me sentía peor que nunca en mi vida, una vida que estaba totalmente fuera de control. Pensé que, al parecer, AA simplemente no funcionaba.

Pero había una parte del Primer Paso que no había trabajado: la segunda parte de la oración. Nunca había admitido que mi vida se había vuelto ingobernable.

A mi entender, mi vida no era ingobernable debido al alcohol. Era ingobernable porque nunca había aprendido a afrontar los problemas y a sentir emociones. El alcohol había sido mi solución, no mi problema.

Siempre me pregunté por qué Bill W., nuestro cofundador, separó el Primer Paso en dos partes (con un guion en la versión en inglés). Creía que una idea se relacionaba con la otra. Es decir, mi vida era ingobernable porque era impotente ante el alcohol. Bill tenía un dominio maravilloso del idioma inglés y escribía con mucha precisión. Busqué el uso gramatical del guion largo y encontré este comentario del escritor Lewis Thomas, M. D.: "El guion es un recurso útil e informal, que indica que se está a punto de tomar un rumbo diferente, pero que de cierto modo sigue teniendo relación con el curso actual".

Creo que Bill estaba "tomando un rumbo diferente" cuando separó el Paso. "Soy impotente ante el alcohol..." es una primera idea, y "...mi vida es ingobernable" es una segunda idea. Ambas se relacionan; sin embargo, se deben leer como dos ideas diferentes.

Con los años, he visto a compañeros llegar a AA y que las cosas empezaban a mejorar inmediatamente. No más resacas. Duermen toda la noche. Empiezan a flotar sobre una nube rosa. El problema es que, al cabo de unos meses, se impone la realidad y la vida ya no parece tan buena. La vida comienza a empeorar. Todos sabemos cómo mejorar las cosas. Bebemos y volvemos a caer en un espiral descendente. Nos convencemos de que AA no funciona. Creo que es porque nunca trabajamos completamente el Primer Paso. Al menos, esa fue mi experiencia.

Los Pasos no nos ayudan a controlar nuestra forma de beber. Nos ayudan a controlar nuestros pensamientos y nuestras acciones. Solo una mitad del Primer Paso se refiere al alcohol. Una vez que el alcohol ya no está presente, comienza el verdadero trabajo. Nos damos cuenta de lo ingobernable que es nuestra vida sin el alcohol, nuestro "solucionador de problemas". Los Pasos nos ayudan a manejar nuestra sobriedad. Por lo tanto, mi nueva vida comenzó en la segunda parte del Paso, y mi recuperación continúa hasta el día de hoy. Con frecuencia la vida me lanza algunos retos, pero sé que tengo las herramientas para enfrentarlos. Ahora los problemas ya no permanecen; se evaporan.

Ted K.
Columbus, Ohio

## Sin defensa

Enero de 2022

Al ser un bebedor compulsivo, no me resultaba difícil dejar de beber durante una semana, o incluso un mes, solo para demostrar que podía hacerlo. También sabía que, si querías que dejara de beber durante tres semanas, el día 22 me deberías muchísimo e ibas a pagarlo. Pero, como no me costaba mucho dejar de beber durante cierto tiempo, estaba seguro de que no era alcohólico.

Una vez, durante uno de esos períodos de abstinencia obligatoria, me invitaron a uno de los lugares más bonitos del mundo: una jornada de puertas abiertas en un almacén mayorista de bebidas alcohólicas. Allí estaba, en presencia de la mayor cantidad de alcohol del que podría imaginar beber en toda mi vida, y una cara amable que me decía: "¿Qué le gustaría beber?". Dado que no estaba bebiendo, reuní todas mis fuerzas, mi valor y mi entereza y respondí: "Nada, ¡gracias!". Entonces intenté salir apresuradamente.

Pero apareció esa voz. En el fondo de la mente escuché una vocecita que decía: "Esta vez será diferente". Regresé al bar. Pronto salieron de mi boca las palabras: "Nunca he probado esa bebida canadiense nueva, la que viene en una caja de madera".

No recuerdo si esa noche acompañé a las personas que estaban conmigo a sus autos ni cómo llegué a casa. Vagamente recuerdo haber apoyado un vaso vacío sobre la mesa de la cocina de mi casa, justo antes de desmayarme en el piso de la sala.

Unas cinco horas más tarde, cuando empezaba a recuperar el conocimiento, mi novia llegó a mi casa. Estaba terriblemente enfadada. Le había prometido ir a buscarla al trabajo a la misma hora que me desmayaba en el piso. Por alguna misteriosa razón, a ella no le pareció muy divertido quedarse parada esperando en una esquina del centro durante varias horas. Respondí con mi habitual falta de tacto, lo cual no salió bien.

Al día siguiente, reuní toda mi humildad y fui a verla a su departamento, esperando el castigo habitual: muchos gritos, chillidos y, quizá, incluso alguna bofetada.  Esto me sucedía con bastante frecuencia por borracho. Me había acostumbrado a que pasara como si fuera el precio que debía pagar si quería beber.

Pero esta vez fue diferente. Simplemente dijo: "No voy a gritar ni a chillar. De hecho, ni siquiera voy a decir nada. Solo te daré mi Libro Grande y pediré que lo leas. Ábrelo en cualquier página y lee algo. A ver si hay algo ahí con lo que te sientas identificado". Luego me dijo que me fuera a casa.

Nadie me había tratado así antes. Me han gritado, me han pegado, incluso me han mandado a la cárcel. Pero nadie me había hecho esto.

Tuve que esperar un par de días hasta que mis ojos se aclararon lo suficiente para poder leer. Cuando pude hacerlo, seguí sus instrucciones al pie de la letra. Abrí su Libro Grande al azar. Casualmente lo abrí en el capítulo cinco, una muy mala idea para un alcohólico activo. Solo leí dos párrafos, pero me asustaron de tal forma que, por primera vez, sentí más temor de beber que de vivir mi vida sin alcohol.

Esa noche fui a la primera reunión cerrada de AA de mi vida. Mi novia me dio ese Libro Grande el 19 de noviembre de 1981. Desde ese día, no he vuelto a tomar una sola gota de alcohol.

J. C.
Peculiar, Missouri

# Correrá sangre

Enero de 2014

Después de asistir a solo unas pocas reuniones de AA, sentí que mi historia era aburrida. Tal vez no tenía un problema con la bebida: no tenía multas de tránsito, no había tenido accidentes, no había ido a la cárcel, no había perdido trabajos, no había roto matrimonios, no había perdido una familia. Solo había bebido en exceso durante dos años.

Me había divorciado luego de 22 años de matrimonio y sobreviví a la muerte de mi hijo medio sobria. Pero cuando eliminaron mi puesto de trabajo al cabo de 28 años y me sentí obligada a jubilarme, ese fue el inicio de mi perdición. Para mí, la vida terminó en aquel momento. Me sentía inútil. Mis padres y mi marido eran alcohólicos; pero, por supuesto, yo no. Estaba consternada, confundida, aburrida y sola.

Sin embargo, una mañana me desperté y, de alguna manera, durante la noche, la puerta abierta del lavavajillas se había roto y yo tenía un gran moretón en el costado. Aproximadamente un mes más tarde, una mesa antigua se rompió durante la noche, ¡y me quebré el dedo gordo del pie! ¿Cómo era posible? Habría estado caminando sonámbula. Luego, otra mañana, vi que el tirador del cajón de la mesa de noche estaba roto y que había sangre en la almohada. Cuando me miré en el espejo, tenía un corte de diez centímetros en la frente y ¡de hecho podía verme el cráneo! Cuando el médico me cosió, me preguntó cómo me había hecho eso y le dije que había tropezado. Después de eso, rompí un corralito para bebés, un taburete, algunos platos, unas correderas de plástico del refrigerador y un lavabo antiguo con una jarra. Poco después, me desperté y vi que la tapa del inodoro estaba rota y que me colgaba el brazo izquierdo (ahora tengo una placa en el brazo y una cicatriz horrible de veintitrés centímetros). Después de eso, estuve dos semanas en rehabilitación.

Pero entonces llegó aquella mañana en la que me desperté en el asiento trasero de mi auto, dentro del garaje. Tenía la parte posterior de la cabeza pegajosa y había sangre en las puertas, en los asientos y en todo mi cuerpo. Pensé que me había quedado encerrada en el auto y no podía salir. Cuando por fin pude moverme, vi que la puerta delantera del auto estaba completamente abierta. Y había sangre en el piso del garaje.

Me llevaron al hospital, donde dos médicos me dijeron que había perdido mucha sangre y que casi me había muerto. Volví a rehabilitación y entonces me di cuenta de que la primera vez que dejé de beber, fue mi mente la que me lo dijo. La segunda vez, mi mente y mi corazón me dijeron que dejara de beber o moriría.

Fue en ese momento que me entregué a AA completamente. Mi vida se había vuelto ingobernable. Ahora voy a cinco reuniones por semana y me encanta. AA funciona, de verdad. Bebí por última vez el 11 de agosto de 2010, y no lo extraño en absoluto. No quiero regresar jamás a ese lugar oscuro y feo. Las cicatrices siempre estarán ahí, como recordatorio de mi descenso a la locura.

Deborah G.
Fort Wayne, Indiana

## Un fin de semana en la cárcel

Enero de 2015

Al final de 14 años de consumo compulsivo, bebía sin parar para evitar los síntomas de abstinencia. Apenas podía caminar debido a los temblores y no me daba cuenta cuán cerca estaba de la muerte. La posibilidad de una recuperación y de pasar por un proceso de desintoxicación era algo sobre lo que jamás había escuchado. Pero cuando me arrodillé y dije: “Dios, me rindo”, en menos de 24 horas me encontré en una cama de hospital. Cuando Dios pone en marcha un milagro, promete terminarlo, aunque sea más bien lento que rápido. El Primer Paso acabó súbitamente con mi negación.

Durante un año y medio de sobriedad, fui bendecido de las formas más interesantes, pero luego decidí que aún necesitaba "investigar" un poco más. Así que volví a tomar vino y vodka. Los fallecimientos en la familia, los cambios en la medicación, las relaciones fallidas y los problemas de la infancia son algunas de las excusas que usé para justificar mis acciones. Lo que siguió fueron dos años de bebida y visitas frecuentes a centros de desintoxicación y rehabilitación.

Habiendo olvidado convenientemente adónde te puede llevar una copa, seguí cayendo presa del romance con la bebida y haciendo lo único que sabía para sobrellevarlo: volver a caer en la bebida, con días, semanas o incluso meses de sobriedad. Incluso me entretenía con la idea de que tal vez podría ser "una bebedora normal", aunque sabía que era una ilusión.

A principios de 2012, bebía mientras estaba en libertad condicional por haber conducido bajo los efectos del alcohol (DWI) previamente, lo que me llevó a pasar dos fines de semana en la cárcel del condado y a tener que usar una pulsera de control de alcoholemia. Ingresé a la cárcel intentando desesperadamente controlar el resultado de cada situación. Por fin comenzaba a darme cuenta de que estaba intentando controlar todo y a todos en mi vida.

El Primer Paso cobró vida de una forma totalmente nueva aquel primer fin de semana, y sigue siendo uno de los acontecimientos más profundos que haya vivido jamás. Las carceleras me pusieron en confinamiento solitario, ya que no estaría allí por mucho tiempo. Tenía muchas ganas de conocer a algunas de las otras mujeres que estaban allí, saber cuáles eran sus dificultades y compartir mi historia. Inocentemente, pensé que Dios estaba a punto de ponerme en sus vidas y usarme para enseñarles, en lugar de abordarlo con la actitud de preguntarme qué estaba a punto de enseñarme. Anhelaba desesperadamente interactuar con alguien, pero durante tres noches y dos días experimenté a Dios.

Antes de entregarme a las autoridades ese primer fin de semana, le había rezado a Dios para que me revelara qué significaba realmente el Primer Paso y ser impotente ante mi vida. Él respondió a esa oración de una manera colosal, porque ahora estaba en confinamiento solitario y lo único que podía hacer era rezar y leer. Podía ir a la biblioteca de la cárcel una hora al día y sacar todos los libros que quería. Afortunadamente, tenía toda una sección de libros inspiradores a mi disposición. Empecé a sacar títulos al azar que me interesaban y a buscar capítulos sobre la impotencia que me llamaban la atención. Cuando volví a mi celda, me di cuenta de que había traído 15 libros con muchos de los capítulos marcados.

Una de las primeras lecciones que aprendí fue que en la cárcel no podía conseguir lo que quería con mi encanto. Aunque trataba a las carceleras con respeto, no era mejor que cualquier otra delincuente que estaba allí. La cárcel era exactamente lo que necesitaba: una experiencia degradante y humillante sobre la que no tenía ninguna influencia.

Tuve que lavarme el pelo con un champú contra los piojos, desvestirme y ponerme unos pantalones rígidos y camisa de color naranja y zapatillas, y cumplir mi condena. Mi único contacto con el pasillo donde las reclusas llevaban a cabo sus tareas era una ventanita cuadrada de vidrio a través de la cual las guardias me vigilaban cada 15 minutos. Tenía un catre de metal con una colchoneta de goma de dos centímetros y medio de grosor y una manta de lana. La temperatura era helada y la idea de usar la ducha abierta, el inodoro de acero inoxidable frío que daba a la ventana o el lavabo sin espejo no me atraía en absoluto.

Nunca olvidaré el sonido de la pesada puerta metálica al cerrarse de golpe y del pestillo. Normalmente me hubiera encantado tener mi propia habitación y tiempo para leer tranquilamente, pero el hecho de temblar bajo las intensas luces blancas de una habitación hecha de hormigón, que volvía mis oídos hipersensibles a cada ruidito que hacía una persona, me volvía loca.

Cada segundo parecía prolongarse como un mal día. Cuando no estaba leyendo, me encontraba rezando. Irónicamente, algo en mi corazón comenzó a agradecerle a Dios por lo que tenía. Mis oraciones se volvieron sinceras al sentirme agradecida por la cálida manta, todos los libros a mi disposición, mi propia habitación, mi tiempo con Dios, la comida, la seguridad... y mi marido. Darle gracias a Dios, y sentirlo realmente, cambió mi perspectiva por completo.

Mi madrina me había dado como tarea que anotara todas las formas en las que durante la semana anterior había intentado manipular el resultado de las situaciones. Cuando empecé a escribirlas, me di cuenta de que había llenado una página entera con letra pequeña. ¡Qué loca controladora había sido! Me di cuenta de que, en el pasado, cuando no lograba lo que quería y deseaba una gratificación inmediata para cambiar mi estado de ánimo, bebía.

Comencé a darme cuenta de que era responsable de todas las consecuencias a las que me enfrentaba, y de que estas eran necesarias para que pudiera ver lo descontrolada que estaba mi vida, no solo en lo que respecta al alcohol, sino también a mi necesidad egoísta de salirme con la mía. Leí la Biblia y un montón de libros sobre recuperación. No era casualidad que todo lo que leía me hablara de cómo había estado intentando jugar a ser Dios.

No podía creer la cantidad de revelaciones que experimenté detrás esas rejas. Quedé atónita. El Primer Paso de AA cobró vida propia en mi corazón y en mi mente: Dios me amaba a través de su disciplina, me guiaba a través de las pruebas, me iluminaba sobre mis modos egoístas, me sanaba y me transformaba.

Desde entonces, he estado leyendo el texto *Doce Pasos y Doce Tradiciones* y el Libro Grande con mi increíble madrina, lo que me ha llevado a otros momentos inesperados de "revelación". Creo que Dios puso a esta increíble mujer en mi vida para ayudarme a ver las duras realidades que había en mi interior y que evité durante 17 años con la bebida. Constantemente me recuerdo a mí misma que cuanto más creo saber, en realidad menos sé.

Cuando mi corazón se rindió a Dios y a AA en agosto de 2012, los Pasos comenzaron a obrar en mí en lugar de que yo intentara manipularlos. Llegué al punto en que ya no quería continuar bebiendo.

Vivir y aplicar el Primer Paso en todos los aspectos de mi vida me enseñó varias lecciones valiosas: 1) Esta vida no se trata de mí. No soy Dios, y cuando me aparto de su camino, Él abre mis ojos, mis oídos y mi corazón cerrados a sus verdades y me reafirma sus promesas. 2) Si me saliese siempre con la mía, me estaría perdiendo oportunidades de crecimiento y privando a otras personas de sus propias lecciones. Debo acordarme siempre de rezar por su voluntad. Dios no es un genio dentro de una lámpara que puedo frotar y esperar que me conceda mis deseos. Y 3) En definitiva, las debilidades que me vuelven impotente me hacen dependiente de mi Poder Superior, lo que me permite tener una relación íntima con él, fortaleciéndome más en su fuerza.

Ese primer fin de semana en la cárcel se tradujo en una intervención divina. Tuve un despertar espiritual que me mostró, a través de su infinita gracia y misericordia, cuánto me ama. He visto a Dios responder a las oraciones, y usualmente no de la forma en que yo quería que respondiese. Si las hubiera respondido a mi manera, me habría perdido los milagros que, con frecuencia, aparecían camuflados como pruebas.

Melissa W.
Granbury, Texas

## Se busca ayudante

Enero de 2021

Me habían despedido de mi trabajo de gerente de servicios de alimentos, sin poder siquiera recordar qué había provocado semejante calamidad. Lo único que sabía era que había estado en una laguna mental debido a una gran borrachera.

No comprendí la magnitud de semejante golpe a mi carrera hasta que descubrí, a través de una agencia de empleo, que me habían excluido de la industria. Me enteré de que había enviado a un empleado a comprar medio galón de whisky. Había hecho que todo mi equipo de seis personas se emborrachara a tal punto que nuestros clientes nos denunciaron ante nuestros superiores. La noticia se propagó como el fuego entre las altas esferas de nuestra industria, convirtiéndome en el hazmerreír de todos.

Terminé preparando sándwiches en una cafetería, un puesto para el que estaba sobrecualificado, compitiendo con vendedores a los que duplicaba en edad y habilidades. Mientras me las arreglaba para zafar día a día, mi ansiedad alcohólica hacía que temblara mucho e impedía que me concentrara. Además, un compañero de trabajo del que una vez había sido supervisor me reconoció en la cafetería. Esta persona conocía los detalles de mi despido anterior y lo difundió maliciosamente en la cafetería. Al poco tiempo, me volvieron a despedir.

Estaba destrozado por el hecho de no poder mantener los trabajos más básicos en la industria de los servicios de alimentos. Me habían despedido de más trabajos de los que podía recordar; cada despido era como consecuencia de la bebida.

Negaba rotundamente mi problema con la bebida. Mi departamento era un lío, plagado de ropa sucia y de vidrios rotos. Estaba descuidado. No podía comer sin antes calmar el estómago con un trago o dos. No podía sostener un bolígrafo para escribir. Tenía miedo de cruzar la calle porque la bebida me hacía inestable. No sabía qué día, fecha o año era y, en ocasiones, me perdía en el subterráneo. Y ahora que me habían vuelto a despedir, sentía un miedo y una incertidumbre reales por mi incapacidad para mantenerme por mí mismo. No tenía a quién recurrir y estaba tocando fondo, si bien en aquel momento no lo sabía.

No recuerdo el orden exacto de mis pensamientos aquel fatídico día en que me echaron de la cafetería. Sí recuerdo que nevaba, levanté el auricular del teléfono público del vestíbulo de la cafetería y pedí el número de AA. Me acuerdo de que balbuceaba al teléfono, asustado y sin saber qué hacer a continuación. Realmente no tengo ni idea de cómo supe que debía llamar a AA.

La persona que respondió mi llamada me ayudó a llegar a las

salas. Se convirtió en mi padrino y me sostuvo la mano mientras superaba el momento más difícil. Ese fue mi Primer Paso; mi paso hacia una vida sobria. Hoy, con 10 años de sobriedad, inicio cada día trabajando el Primer Paso nuevamente, porque sin este, el único paso que me queda por dar es el último.

David B.
New York, New York

## Rendirse

Enero de 2021

Un día nevado a fines de diciembre, observé que un pájaro grande caminaba entre los troncos de los pinos del jardín de mi casa en el área rural de Wisconsin. Mientras observaba al pájaro, llegó un amigo AA y, emocionado, lo identificó como un águila calva con un ala herida. Vimos cómo el águila forcejeaba en la nieve profunda, agotada por sus intentos de volar. Llamamos a Patrick, un amigo que es rehabilitador certificado de aves rapaces. En cinco minutos, Patrick estaba en camino para ayudar al pájaro herido.

Mientras los tres rodeábamos al águila, esta intentaba desesperadamente salir volando de nuestro círculo cada vez más estrecho. Su último gran esfuerzo por escapar fue una demostración de pánico y ferocidad con las garras y batiendo las alas. Finalmente, logramos cubrirla con nuestras mantas y contenerla de forma segura. Con las manos protegidas por guantes gruesos de cuero, Patrick desenredó lenta y suavemente al águila de entre las mantas y le habló con un tono suave y tranquilizador.

Sorprendido por la rapidez con la que el ave se había calmado y rendido a la realidad de su situación, le pregunté a Patrick: "Parece muy relajada. ¿Ya terminó la lucha?".

"Estas aves parecen comprender el concepto de ayuda", respondió Patrick mientras acariciaba la cabeza del águila, que se mostraba alerta, pero dócil. "Como estaba en tu jardín, la llamaremos Howard", agregó Patrick, mirándome con una sonrisa.

Metimos al águila en una jaula para perros, la cubrimos con una manta y "Howard, el águila" y Patrick se dirigieron al consultorio del veterinario.

Mis pensamientos regresaron a lo que dijo Patrick: "Parecen comprender el concepto de ayuda". Durante años había combatido y resistido el concepto de ayuda y me había negado a aceptar o rendirme a la realidad de mi alcoholismo. Cuando llegué a mi límite y todas las vías de escape finalmente se habían cerrado, a regañadientes entré por la puerta de AA. Allí encontré la ayuda que tanto necesitaba, en el poder de un programa que es de "nosotros".

Ese "nosotros" que ayudó a Howard estaba conformado por mí; Patrick, mi amigo de AA, el veterinario y los voluntarios y especialistas en rehabilitación de aves rapaces. Ese "nosotros" que me está ayudando a recuperarme del alcoholismo está integrado por las personas de las reuniones, los Doce Pasos, un padrino, los ahijados, la Comunidad de AA y una conexión espiritual con un Poder Superior.

A principios de mayo, el Centro de rehabilitación de aves rapaces informó que Howard estaba comenzando a volar distancias cortas en la jaula de vuelo y que pronto podría estar listo para reincorporarse al mundo de las águilas.

Aquel mes de junio, Patrick abrió la puerta de la jaula para perros y Howard salió de su cautiverio bajo el sol en el lugar donde se produciría la liberación. Volviéndose hacia la gran multitud de personas que se encontraban allí deseándole lo mejor, echó la cabeza hacia atrás y emitió unos graznidos fuertes y roncos, como diciendo "Gracias a todos por ayudarme a recuperarme".

Luego de unos momentos de indecisión, Howard se elevó en el cálido cielo de verano y voló sin esfuerzo sobre el ancho río Wisconsin hacia la libertad y la felicidad de su nueva vida. Al igual que Howard, también me siento agradecido por mi nueva vida.

Howard O.
Cambridge, Wisconsin

# SEGUNDO PASO

Llegamos a creer que un Poder Superior a nosotros mismos podría devolvernos el sano juicio.

*Para los alcohólicos que pueden haber tenido una relación incómoda con la religión organizada, el Segundo Paso puede ser complicado. Como escribe Judy E. en la historia "Muchos Poderes Superiores a mí": "Luché toda mi vida con el concepto de Dios". Pero lo que ella y otros miembros de AA llegan a creer es que "un Poder Superior solo significa que tengo una fuente más allá de mí misma a la que puedo recurrir, en la que puedo confiar y en la que puedo apoyarme más que en mí misma. Debo reconocer que no puedo hacerlo sola...". En ocasiones, encontrar un Poder Superior es algo que ocurre inmediatamente; otras veces (esperemos que no), se necesita un choque, como ocurre en la historia "Encontré mi Poder Superior debajo de una camioneta" de Richard V. Pero, como se verá en estas historias, el momento en que ocurre es inmensamente gratificante.*

# Mi oración tuvo respuesta

Febrero de 2022

Como la mayoría de nosotros, sabía que tenía un problema con el alcohol mucho antes de venir a AA. Durante los últimos dos años en los que bebí, regresaba a la iglesia para dejar de beber mediante mis plegarias. Iba a la iglesia y solo rezaba por mi problema con la bebida. Luego, regresaba a casa y volvía a beber. Simplemente no funcionaba.

Me fui a pique y finalmente di el paso más largo de mi vida hasta llegar a la puerta de una reunión de AA. Cuando entré, me encontré con que las personas estaban rezando y hablando sobre Dios. Solo quería salir corriendo, pero aguanté hasta el final.

En las reuniones decía en voz alta: "Dios me falló. Iba a la iglesia y rezaba para dejar de beber y ahora estoy aquí, atrapado en AA". Finalmente, un muchacho me interrumpió y me dijo que mi oración había sido respondida porque había llegado al lugar donde podía dejar de beber.

Fue como golpearme contra una pared. Su comentario me dio esperanza de que mi oración había tenido respuesta y que realmente me encontraba en un lugar donde podía dejar de beber. El muchacho tenía razón. Mi oración tuvo respuesta.

Aproximadamente dos años más tarde, estaba en un encuentro en las montañas de Virginia. En un taller que se realizó después de la reunión de oradores de AA, se nos pidió que todos hagamos un compartimiento sobre "Cuándo y cómo llegué a creer".

Tan pronto se planteó esa pregunta, recordé aquella reunión al principio de mi sobriedad, cuando aquel muchacho me dijo que mi oración había tenido respuesta. Ese fue el momento en que llegué a creer en un Poder Superior a mí mismo. Resulta que el Segundo Paso estaba obrando en mí incluso antes de que yo supiera que lo estaba haciendo. Ese recuerdo me ha sostenido y me da esperanza y fortaleza para mantenerme sobrio hasta hoy.

Charley C.
Arlington, Virginia

# Un lugar bajo el sol

Febrero de 2016

En el transcurso de mi alcoholismo, pasé años en terapia y gasté cientos de miles de dólares en visitas al médico y en medicamentos. Padecí una intensa depresión suicida y me diagnosticaron trastorno bipolar. En el mes de abril, antes llegar a AA, planeé suicidarme. Un día después del trabajo, fui a casa para acabar con mi vida. Llevaba años planificando, considerando varias opciones e investigando cuál era la mejor forma de hacerlo. Así que, cuando me acosté aquella noche de abril, esperé a que la casa estuviera en calma para poder tomar una dosis letal de pastillas. No pensaba en nada; ni en mi esposa ni en mi hija. Simplemente me acosté y esperé. Después de todos esos años de planificar, mi vida se desmoronaba a mi alrededor y la solución definitiva a todo esto estaba a mi alcance, guardada en un cajón de la mesa de noche. Sorprendentemente, no me serví la bebida ni tomé las pastillas. En cambio, me desmayé. Al día siguiente me desperté con algo que nunca había tenido: la buena voluntad de cambiar.

Los ocho meses siguientes fueron tumultuosos. Primero perdí el trabajo; luego, el estado se involucró en mi vida. Me vi obligado a dejar de beber. Ahora estaba "seco"; ni limpio ni sobrio. Sin embargo, sucedió algo curioso en mi recorrido hacia la sobriedad. Incluso teniendo una adicción activa a las pastillas, sin alcohol mi vida comenzó a cambiar. De repente, mis médicos dejaron de creer que era bipolar. Con el correr del tiempo, me sacaron el último medicamento que tomaba y llegué a AA. Empecé un nuevo trabajo y la vida mejoró para mi familia.

Al mes de estar sobrio, mientras trabajaba el Segundo Paso con mi padrino, llevé a mi familia a San Diego de vacaciones. El hecho de estar vivo para estar allí y tener un trabajo para pagarlo era increíble. Una tarde, fuimos a ver un espectáculo de delfines. Era uno de esos hermosos días de San Diego; el sol brillaba y el aire era cálido. Nos sentamos en las gradas y nos preparamos para el espectáculo. Al ritmo de la música, salieron los delfines y los artistas. Fue un bonito espectáculo, pero vi muy poco. Tenía los ojos y el corazón puestos en mi hija de dos años.

Estaba tan emocionada mientras veía el espectáculo. Su rostro se iluminaba con una alegría muy intensa. Jamás había visto tanta felicidad en el rostro de otra persona. Disfrutaba el espectáculo a través de los ojos de mi hija, cuando de repente me invadió una intensa gratitud y una luz por estar vivo para presenciar ese momento. Por primera vez me detuve a preguntarme "¿Por qué?". "¿Por qué estaba vivo en este momento?".

Había entrado en la Comunidad de AA siendo ateo. Solía llamarme agnóstico, porque siempre sentí que era irrespetuoso negar abiertamente la existencia del Dios de otra persona. Durante mi primer mes en AA, miraba fijamente esos Pasos en la pared con gran temor, preguntándome cómo podría superar la necesidad de creer en un Dios según yo lo concebía.

Pensé en cómo había cambiado mi vida desde aquella noche de abril en la que iba a suicidarme. Ahora tenía estabilidad en el hogar; me había liberado de la depresión suicida y del medicamento psiquiátrico, y estaba empezando a sentir una felicidad real que no había conocido en 10 años. ¿Por qué no hice lo más fácil aquella noche oscura y simplemente llené ese vaso y me tomé las pastillas? Incluso en mi alcoholismo, siempre fui un hombre de acción. Cuando hacía planes, los llevaba a cabo. Era un misterio que no hubiera tomado esas pastillas aquella noche. Pero allí mismo, en una tarde soleada, sentado en las gradas con mi hija, me di cuenta de que esas cosas no suceden por casualidad. La idea me estremeció profundamente: un Poder Superior a mí mismo había entrado en mi vida aquella solitaria noche de abril.

Las lágrimas comenzaron a rodar por mi rostro. Por primera vez en mi vida, sentí la presencia de Dios. Mientras trabajaba el Segundo Paso con mi padrino, me había preguntado cómo podría llegar a creer que un Poder Superior a mí mismo pudiera devolverme la cordura. Ahora me daba cuenta de que ya lo había hecho.

Resulta que encontré un Dios, según yo lo concebía, a través de la luz y los ojos de mi hija.

Kevin F.
Vancouver, Washington

## Dioses gordos y dioses flacos

Febrero de 2017

Cuando logré la sobriedad por primera vez, parecía que siempre estaba sentada a una mesa del Segundo Paso. Todos los que estaban allí tenían su Dios. Hablaban de él como si fuera un amigo entrañable. O mejor, como si fuera un genio mágico que les concedía la sobriedad cada día. Hablaban de "encontrarlo". ¿Se referían a un catálogo de dioses? No lo decían.

Un día me senté allí y pensé "Quizá omita este paso". Aquella noche me acosté y me dije "¿Qué voy a hacer con este 'tema de Dios'?".

Al día siguiente me senté en otra mesa del Segundo Paso. ¿Todos estaban en el Segundo Paso? En esa mesa había algunos veteranos que juraban y perjuraban que continuaron recayendo hasta que encontraron a Dios. Me estremecí, preguntándome cómo encajaría una recaída en mi vida tan programada. Cuando recién se alcanza la sobriedad, algunos días no hay tiempo ni para ir al baño. En la mesa, alguien comentó que el Segundo Paso es el cimiento para el resto de los Pasos. Decían que, sin unos buenos cimientos, es seguro que un edificio se derrumbe. Sin el Segundo Paso, mi casa se desintegraría bajo mis pies. No estaba lista para ese tipo de destrucción. ¿Cómo encontraría tiempo para poner todo en orden?

Más tarde aquella noche, hablé con mis compañeros del centro de recuperación sobre sus dioses. Todos dijeron que no estaban muy preocupados por eso. Poco después, uno de ellos recayó y tuvo que irse.

A medida que seguía yendo a las mesas de AA, pronto me daba cuenta de quién tenía un Dios y quién no. Los que no tenían un Dios parecían estar bien, pero se peleaban mucho y chismorreaban. A los otros, no los volvía a ver. Algunos se iban y volvían con historias horribles de haber vuelto a las andadas. Me iba a casa confundida. Me decía "¿Qué voy a hacer con este 'tema de Dios'?".

Un día tuve la oportunidad de tomarme un momento para mí sola sin hacer nada. A un alcohólico recién sobrio, el tiempo libre le da miedo. Afortunadamente, no tenía dinero. Así que fui a la biblioteca, donde vi un póster de una iglesia en Italia. La iglesia estaba muy ornamentada. Sabía que debía haber una razón por la que habían puesto tanto esfuerzo en ese edificio. ¡Ah, claro, Dios!

Busqué "religiones" mientras estaba en la biblioteca. Saqué una pila de libros, algunos con nombres que ni siquiera podía pronunciar. Dioses de todos los tamaños, formas y colores. Algunos dioses tenían el aspecto icónico y delgado de alguien que necesitaba atención médica. Un dios era gordo. Otro tenía una barriga que podía frotar para tener buena suerte. Había dioses varones, diosas, dioses gatos y dioses perros. También había dioses planetarios, pero yo era demasiado pálida para adorar al sol. Cuando era niña, creía que el rey Neptuno era el Dios de la natación.

De vuelta en la mesa del Segundo Paso, alguien dijo que Dios estaba en todas partes. ¿Podía ser tan sencillo? Dudaba seriamente de que Dios estuviera en la casa de crack o en esos sórdidos clubes para ir después del trabajo que solía frecuentar.

En la siguiente reunión, le eché un vistazo rápido a las mesas. Vi a un hombre que se parecía a Neptuno, el de los libros de la biblioteca. Tenía parches de Vietnam y de Jesús en todo el chaleco. Pensé que él debía tener todas las respuestas sobre Dios. Al principio, lo que decía tenía mucho sentido. Luego empezó a citar versículos de la Biblia en un tono de voz que evocaba "el infierno y la condena". Algunos se levantaban para volver a llenar su taza de café mientras él hablaba. Me dio la impresión de que a este hombre su Dios le funcionaba. Llevaba 30 años de sobriedad. También deduje que el Dios de este hombre no era el Dios de los demás. Tampoco era el mío. Las escrituras en un idioma antiguo no eran para mí.

Esa noche, mientras estaba acostada en la cama, pero despierta, sentí una necesidad imperiosa de salir a beber. Sin dinero y cansada del día sumamente ajetreado, me aferré con fuerza a las sábanas de la cama y esperé a que esa sensación desapareciera.

Por la mañana desperté de un sueño en el que bebía y que parecía muy real. Mientras me lavaba la cara, me di cuenta de que en realidad no había salido a beber, solo lo había soñado. Supe que necesitaba encontrar pronto a Dios.

En la terapia de grupo en el centro, hablamos del tema de Dios.

Una anciana malhumorada se negaba a buscar a Dios. Dijo que era su decimoquinta rehabilitación. Una joven con rastas y una mochila con un diseño de mariquitas eligió un unicornio como su Poder Superior, que era como la gente se refería a sus dioses. En el Libro Grande dice que podemos llamarlo así, lo que hace que Dios parezca un concepto nuevo, pero no tan "nueva era" como tener un unicornio como Poder Superior.

Fui a una reunión abierta para escuchar a una mujer que había sido camarera en el club Playboy de Detroit en la década de 1950. Era difícil imaginarla como una joven hermosa, mucho menos como una conejita de Playboy. Contó muchas historias sobre lo que había hecho y visto durante su época de bebedora. Nos dijo que omitió bastante. Comentó que había tenido problemas con todo el "tema de Dios" hasta que los veteranos se lo explicaron de forma muy simple. Eso despertó mi interés. Hablaba mi mismo idioma. Simplemente le dijeron que ella no era Dios y que ningún hombre lo era. Dios es un Poder Superior a nosotros mismos que puede mantenernos sobrios.

En cierto modo, entendía todo eso. Pero no entendía dónde podía conocerlo. ¿Había alguna reunión para conocer a Dios? ¿Mi Dios tendría un nombre? ¿Estaría enfadado conmigo por todas las estupideces que he hecho?

La exconejita de Playboy me dijo que debía hablar con Dios, aunque no lo conociera. Todos los días, me decía: "Habla con él. Ábrele tu corazón. Él es el único que realmente te entiende. Con el tiempo, dejarás de sentirte incómoda al hacerlo. Acudir a Dios se convertirá en algo natural. Al principio, todos somos desconocidos. Con el tiempo, la amistad con Dios florece, como ocurre con cualquier otra amistad".

Esa noche, en la cama, le hablé con incomodidad sobre mi día y nuestra nueva relación. No sabía cómo funcionaría esta relación, pero tenía fe en lo que me decían.

Ahora llevo cuatro años sobria. No me siento para nada incómoda al hablar con mi Dios. Es algo natural. Con los años, he tenido dificultades y ansias, pero Dios me ha ayudado de alguna manera. No sé cómo funciona, pero mi fe en Dios es constante y la comunicación con él es reconfortante.

Michelle B.
Hazel Park, Michigan

## Muchos Poderes Superiores a mí

Febrero de 2019

Cuando llegué a AA, era no creyente, o eso pensaba. Luché toda mi vida con el concepto de Dios. Creo en la existencia de Dios, así que sé que no soy atea. Sé por experiencia propia que la existencia de Dios es algo que se puede conocer, por lo tanto, tampoco soy agnóstica. No estoy segura de lo que soy..., y no estoy segura de que realmente importe. Sin embargo, sabía que necesitaba un Poder Superior para el trabajo de los Pasos y para mantenerme sobria.

Intenté usar al grupo como mi Poder Superior, pero descubrí que no podía rezarle a mi grupo. Mi madrina quería que tomara ciertas medidas, creyera en ellas o no, y una de estas medidas era rezar. Así que cada mañana me arrodillaba y le pedía a algo que me ayudara a mantenerme sobria, y cada noche le agradecía a ese algo.

Con el tiempo, y con la ayuda de mi madrina, aprendí que en realidad no era no creyente. Estaba muy enfadada con Dios porque mi padre murió cuando yo era pequeña. Decidí dejar de creer en Dios porque las cosas simplemente sucedían; no había a quién culpar ni razones para buscar. Era más fácil no creer.

Mi madrina señaló que no podía estar enfadada con algo que no existía. Fue un momento revelador que me abrió los ojos y la mente para estar dispuesta a creer.

Con algo de tiempo y de experiencia personal, ese enojo se comenzó a desvanecer. A medida que me mantenía sobria y mi vida mejoraba, comencé a creer que ese "algo" a lo que le rezaba era Dios. Sentía a Dios mucho más en mi mente que en mi corazón.

Me sugirieron que intentara buscar a Dios para desarrollar el tipo de relación personal que quería tener con Él y de la que había oído hablar a otros miembros de AA. Me esforcé para hacerlo. Lo busqué en la naturaleza. Lo busqué en esas pequeñas coincidencias, y fui a la iglesia durante los tres primeros años de mi sobriedad.

El Dios del que hablaban en la iglesia era diferente al Dios del que oía hablar en las reuniones. La iglesia acabó generándome más preguntas que respuestas. Tenía la creencia, pero muy poca o ninguna fe. Todavía no sabía si Dios escuchaba o respondía mis oraciones. No sabía lo que Dios hacía o dejaba de hacer. No sabía cuál era su parte y cuál era la mía. Pero sí sabía que Dios me había traído a AA. Sabía que quería que me quedara aquí y que me había dado la fortaleza que necesitaba para quedarme.

Aunque no tengo la seguridad de que escuche o responda mis oraciones, sigo rezando. Sigo tomando medidas. Hablo con él todo el día. Le pido ayuda. Le cuento mis miedos e inquietudes, y le pido que me dé fuerzas. Incluso comparto mis dudas con él. El simple hecho de tomar medidas sin fe calma mis miedos, me brinda alivio y me da algo de paz.

Sé que Dios me ama, aunque quizá nunca pueda sentirlo en mi corazón. Mi falta de fe me ha mantenido despierta por las noches preguntándome si lo que tengo es suficiente para mantenerme sobria. He aprendido que no tengo que tener todas las respuestas, pero he encontrado una forma que me funciona.

Para mí, depender de un Poder Superior solo significa que tengo una fuente externa a mí misma a la que puedo recurrir, en la que puedo confiar y en la que puedo apoyarme más que en mí misma. Debo reconocer que no puedo hacerlo sola, que necesito ayuda para mantenerme sobria y hacer que mi vida sea manejable. Por eso, le rezo a Dios.

Tengo una madrina a la que puedo ver, escuchar y en la que puedo confiar. Tengo amigos que me ayudan en los momentos difíciles y con quienes comparto los buenos momentos. Los necesito a todos para mantenerme sobria y todos ellos son Poderes Superiores a mí. Ya llevo cinco años sobria, por eso sé que funciona. Y creo que seguirá funcionando un día a la vez, siempre y cuando sepa que no soy Dios y que no puedo hacerlo sola.

Judy E.
Orland Park, Illinois

## Sano y amado

Julio de 2023

Tuve muchísima dificultad para pasar del Segundo al Tercer Paso. Yo era una de esas personas de las que habla el libro *Doce Pasos y Doce Tradiciones*, a las que a veces se les dificulta más que a otras establecer una conexión con AA, ya que "han probado la fe y no les ha servido de nada".

Había dedicado mi vida a un Dios que no concebía, a pesar de los años de formación para ser ministro. Creía que entendía a Dios y que podía decirte cuántos ángeles cabían en la cabeza de un alfiler. Sin embargo, ese mismo Dios que creía que concebía también me odiaba y me condenaba al infierno porque yo no solo era alcohólico y adicto, sino que también era homosexual. Intenté durante años cambiar todas esas cosas y "rezar para que desapareciera mi homosexualidad", pero nada funcionó. Me odié aún más luego de que me expulsaron repentinamente de la formación ministerial porque descubrieron mi sexualidad.

Sentí que había perdido todo, incluso el futuro por el que estaba esforzándome, y este rechazo alimentó mi enfermedad de forma considerable. Ahora estaba convencido de que Dios, como yo lo concebía, y una iglesia de más de mil millones de personas me habían expulsado por ser quien era. Entonces, cuando llegué a AA, me topé con un gran obstáculo. No podía creer en el Dios que tenía porque me odiaba muchísimo. Poner mi voluntad y mi vida en manos de Dios no era una opción. Me sentía desesperanzado.

Mi padrino en aquel momento era un hombre comprensivo, con una historia similar de formación religiosa. Me sorprendió que nos hubiéramos conocido y que nuestros orígenes fueran tan parecidos. Él pudo ver mi desesperación.

"Quizás estamos tratando de tomarnos esto demasiado al pie de la letra", dijo, sugiriendo que diéramos un paso atrás. "Quizás podrías acercarte a Dios de un modo diferente". Dijo que mi forma de entender a Dios claramente no me servía y que me había dejado destrozado. "¿Estás dispuesto a decirles 'gracias por compartir' a tus amigos bienintencionados de la iglesia e intentar algo diferente?", sugirió. "Quizás necesites un Dios nuevo, según lo concibas. ¿Qué puedes perder? Ya estás en el exilio".

Sentí un gran alivio y un gran terror. Con esa afirmación, mi padrino había eliminado el dolor, la culpa y la vergüenza que había estado soportando durante años. Pero lo había sustituido por un terror absoluto al sugerirme que abandonara la fe de mi juventud y los años de universidad, en lo que había invertido tanto tiempo y energía. ¿Qué iba a hacer? Me pidió que diera un extraño salto de fe —el principio que sostiene al Segundo Paso— hacia lo que yo consideraba un territorio de demencia. Lo que agregó a continuación me dejó atónito espiritualmente: "Si miras hacia atrás en tu vida, ¿hay alguna persona excepcionalmente buena que te haya demostrado cariño, amor y atención, alguna persona que probablemente fuera mucho mayor que tú, que seguramente ya haya fallecido?", me preguntó.

Al cabo de un momento, sentí una gran emoción por dentro al recordar a mi abuela. Falleció cuando yo tenía 14 años. Era practicante ferviente y maestra de primaria en nuestro pueblito. Ella me cuidaba cuando mi madre alcohólica se volvía violenta. Me demostró un amor y una compasión enormes. Todo el mundo conocía a la abuela Emma —que había ejercido la docencia durante 40 años—, y casi todos los que la conocían me decían: "Tú eres el nieto de la señora B, ¿verdad?". El simple hecho de estar cerca de ella me hacía sentir seguro, fuerte y amado. Si había una mujer que merecía estar en lo que sea que se considere el cielo, era ella. "Sí, mi abuela", le respondí a mi padrino. "Ella representa todo eso".

"¿Y podías hablar con ella sobre cualquier tema?", me preguntó. "Por supuesto", respondí. "No me juzgaba y siempre me daba consejos. Ojalá estuviera viva". Entonces me dijo: "Bueno, ¿por qué no le hablas? ¿Por qué no te conectas con ella? Quizá, por ahora, pueda ser tu Poder Superior".

Me sentía perplejo. Mi padrino me estaba pidiendo que hablara con mi abuela (o le rezara) como si fuera un Poder Superior. ¿Estaba loco? Y entonces dijo algo que me impactó profundamente. "Tu abuela era genial, optimista y está difunta. En inglés eso forma la palabra G.O.D. (Dios). Al menos, podrás entregarle tu voluntad y tu vida a tu abuela, ¿no?". "Bueno, sí... Podría hacerlo", le respondí. Y luego agregó: "No tienes que aferrarte a esta creencia para siempre, pero sí lo suficiente hasta que encuentres un Dios según lo concibas. He descubierto que es útil pedirle ayuda a las personas que aparentemente conocen a Dios, especialmente si ahora están más cerca de este en la otra vida. Si puedes hablar con ella sin sentirte juzgado u odiado, pero sí amado, al menos es un buen comienzo. Deja que ella haga el trabajo por ti".

Así que mi abuela fue mi Poder Superior durante varios meses y comencé a buscar a otras personas que parecían encajar en ese criterio de Dios. Pronto encontré un pequeño grupo de personas en las que podía confiar y a las que les podía rezar para pedirles apoyo y orientación. Resultó ser que muchas personas mayores y fuertes me habían cuidado durante los años en que mi madre bebía, y me estaban ayudando en mi propia lucha por lograr la recuperación. Me sentía un tonto rezándole, pero me mantuve sobrio.

Finalmente, las cosas cambiaron. Llegué a comprender mejor a un Dios que se preocupaba por mí, no a pesar de ser gay, sino justamente porque era un hombre gay en recuperación. Luego de trabajar el Cuarto y el Quinto Paso, me sentí más grande y cada vez más confiable.

Incluso comencé a ver cómo algunas —no todas— de mis antiguas enseñanzas del seminario parecían ser útiles y me daban un marco para hablar de la transformación que estaba ocurriendo en mí. No era una persona odiada por Dios. Me amaron y, hasta el día de hoy, simplemente les digo a mis amigos cristianos más evangélicos u ortodoxos: "Ya he encontrado a mi Poder Superior y soy muy feliz. Gracias por compartir".

Le agradezco a mi padrino y a mi Poder Superior por brindarme ahora una "puerta trasera" a una espiritualidad más grandiosa e inclusiva. Y le agradezco a mi abuela por abrir esa puerta.

Christopher M.
Pompano Beach, Florida

## Te presto el mío

Enero de 2020

Cuando llegué a AA, estaba espiritualmente en ruina. Había perdido toda mi fe debido a los años de consumo excesivo de alcohol y a una serie de experiencias de vida. Al cumplir 17 años, ya habían fallecido seis miembros de mi familia: mi padre, a los 8 años; mi hermana, cuando yo tenía 9; mi madre, a mis 14 años y a los 17, mi abuelo y mi abuelastro. A los 17 años, también perdí a un amigo muy cercano. En lo que a mí respecta, no creía que Dios fuera amoroso ni estuviera de mi lado en la vida.

Alcancé la sobriedad en 1985 en Coral Room, Miami. No les importaba mi maravillosa teoría de la evolución; simplemente me dijeron que me arrodillara y rezara. Tenía un amigo en AA llamado Jim que llevaba unos tres años sobrio, y los dos nos sentábamos a debatir sobre el tema de Dios. Verán..., Jim era científico, y los dos teníamos estas teorías maravillosas sobre la evolución. ¡Ay, sí! Teníamos ideas geniales y pensábamos que el tema de Dios era bueno para ustedes, los miembros de AA, pero estábamos seguros de que tendríamos que encontrar otros recursos para mantenernos sobrios.

Los veteranos de Coral Room me dijeron que, para mantenerme sobria, solo tenía que encontrar un Poder Superior con el que pudiera relacionarme, y que este podía ser un Dios, según yo lo concibiera, o AA en sí misma. Me dijeron que Dios es quien nos mantiene sobrios, y que tal vez llegaría un momento en el que lo único que se podía interponer entre la siguiente copa y yo era ese Poder Superior.

Afortunadamente para mí, elegí una madrina a la que no le importaba en qué creía. Solo me dijo que me arrodillara y rezara. Lo que hice con el corazón lleno de temor. No era tanto el temor a beber, sino el miedo que le tenía a ella, ¡y a no hacer lo que me pedía que hiciera! No sabía cómo rezar, pero ahí estaba... de rodillas. Así que empecé...: "Dios"... y luego lo único que se me ocurrió fue que necesitaba ayuda, y agregué: "Ayúdame". A partir de aquella primera y limitada oración, comenzaron a suceder milagros maravillosos en mi destrozada vida. Y en algún momento llegué a creer que realmente existía un Dios; un Dios personal al que le importaba, como se describe en nuestro Libro Grande.

Por aquella época, empecé a preocuparme por mi amigo Jim, porque él aún no tenía un Poder Superior. El día que le anuncié: "¡Lo entiendo, creo que entiendo el tema de Dios!", me deseó suerte y se dio por terminada la cuestión. Unas semanas más tarde, todavía con una preocupación genuina de que Jim bebiera, le dije: "Jim, quizá puedas usar mi Poder Superior hasta que encuentres el tuyo". Le dije que no estaba manteniendo a mi Poder Superior demasiado ocupado y que estaba segura de que no le importaría. Jim me agradeció y nunca más volvimos a hablar del tema de Dios.

Tiempo después, me mudé y de vez en cuando me preguntaba cómo le estaría yendo a mi amigo Jim. Transcurrieron unos años y regresé a Miami de visita a esa reunión, y Jim estaba ahí. Cuando le tocó compartir, Jim dijo: "Tuve problemas para encontrar un Poder Superior durante mis primeros tres años de sobriedad, y una buena amiga me prestó su Poder Superior. Me funciona muy bien y no he visto la necesidad de buscar uno propio".

¡Guau! No tenía ni idea de que Jim había aceptado mi oferta de prestarle mi Poder Superior. Nunca me lo había mencionado. Qué interesante fue saber que Jim había podido mantenerse sobrio con un Poder Superior que yo le había prestado.

Desde ese día, procuro no consumir el ciento por ciento del tiempo de mi Poder Superior, para que mi querido amigo Jim siempre pueda pedirlo prestado.

Si te cuesta encontrar un Poder Superior, mira a tu alrededor en la sala de reuniones y fíjate quién parece que tiene uno realmente bueno. Tal vez te permitan pedir uno prestado por un rato.

M. L.
Placitas, New Mexico

## Encontré mi Poder Superior debajo de una camioneta

Febrero de 2014

Me senté erguido en medio de la calle, observando el cielo celeste de Carolina y la quietud que me rodeaba. Acababa de hacer que las 600 libras entre caucho y acero que pesaba mi moto cayeran y derraparan hasta quedar debajo de la parte trasera de un tráiler de carga. Tenía la pierna derecha atrapada bajo la parte trasera de la moto y el pulgar derecho descansaba perpendicular a mi muñeca. No pude evitar darme cuenta de que estaba extremadamente tranquilo. Parecía que el tiempo se hubiera detenido. Era sumamente consciente de todo lo que me rodeaba y por eso, o tal vez a pesar de eso, entendí que todo iba a estar bien. No solo por hoy, sino todos los días.

Un año y dos días antes, había iniciado mi camino a la sobriedad; sin embargo, aquel domingo 30 de septiembre de 2007, me dirigía en mi moto a una reunión del Duodécimo Paso. Cuando salí de mi casa en Waxhaw, el sol mantenía el calor de la media tarde en unos 28 grados, pero seguramente la temperatura descendería a unos -6 grados al anochecer. Metí la chaqueta liviana en la alforja y me puse la de cuero. Durante los seis meses que había vivido en este pueblo rural del sur, había aprendido que podía hacer más frío cuando la carretera atraviesa una hondonada. Seguramente la chaqueta de cuero iba a ser muy útil aquella noche. ¡No me imaginaba cuán útil!

Conduje unos 16 kilómetros por una ruta que ya había transitado varias veces. Acababa de girar hacia Potter Road reduciendo la velocidad a unos 55 km/h para inclinarme y tomar una pequeña curva al aproximarme a una colina. Al llegar a la cima, vi que adelante iba una camioneta con un tráiler de carga lleno de fardos de pinaza. La cama del tráiler estaba lo suficientemente cargada como para obstaculizar las luces de freno de la camioneta y parecía que el tráiler no tenía luces. Me tomó un momento darme cuenta de que la camioneta se había detenido por completo. Así que, con menos de 30 metros por delante, lo único que pude hacer fue pisar el freno y esperar que ocurriera lo mejor.

El año anterior a ese instante había sido un año milagroso. De alguna manera, había logrado mantenerme sobrio siguiendo las sugerencias y trabajando los Pasos. Nunca esperé estar sobrio y viviendo en Carolina del Norte. Terminé aquí solo gracias al amor y la generosidad de mi hermana y mi cuñado. Poco menos de un año antes, vivía en la ciudad de Nueva York, viendo cómo hacía para pagar el alquiler y preguntándome si alguna vez recuperaría mi vida. Una depresión severa y la obsesión por el alcohol y otras sustancias habían impedido que asistiera a un empleo que pagaba seis cifras y ofrecía un futuro brillante. Veía a un psiquiatra dos y en ocasiones hasta tres veces por semana, y pasaba demasiado tiempo mirando por la ventana del cuarto piso preguntándome si moriría si saltaba. Entonces, el 28 de septiembre de 2006, me rendí y comencé mi proceso.

Desde el principio me dijeron que, para mantenerme sobrio, necesitaba confiar en un Poder Superior. A medida que avanzaba en el programa, quería concebir mi Poder Superior para elaborar una definición práctica de mi Dios. Cuanto más buscaba y trataba de conectar con el Dios de mi juventud, más me alejaba. Comencé a cuestionar la propia existencia de Dios. Empezaba a sentir que estaba en crisis. Sin

Dios, seguramente volvería a beber; al menos, eso es lo que me decían.

Y ahora estaba acá, yendo a toda velocidad contra la parte trasera de una camioneta. La moto comenzó a derrapar y la rueda trasera coleteó hacia la izquierda. Comencé a caer y, en ese momento, me invadió un silencio y una paz abrumadores. No oí el chirrido de los neumáticos ni el roce del metal contra el pavimento; en cambio, todo era silencio, se podría decir que era un silencio sepulcral. Pero no estaba muerto; de hecho, estaba vivo. Me senté, haciendo lo mejor posible para quitarme el casco y las gafas con la mano izquierda, consciente del intenso dolor pulsante que sentía en la mano derecha. Al darme cuenta de lo que acababa de ocurrir, me invadió una tremenda necesidad de levantar la moto y salir de la carretera.

Pero no podía ir a ningún lado. Mi pierna quedó atrapada bajo el peso de la moto. Lo que vi a continuación fue el pulgar derecho dislocado, que formaba un ángulo de 90 grados con el brazo. Lo volví a colocar en su lugar.

En cuestión de minutos llegaron al lugar los agentes estatales, seguidos de ambulancias, ayudantes del sheriff y camiones de bomberos. Me preguntaron si tenía a alguien a quien llamar para que me recogiera en el hospital. Llamé a mi padrino. Después de que me examinaron, los técnicos en emergencias médicas (EMT) me ataron a una camilla e inmovilizaron mi cabeza. Cancelaron el helicóptero (quizá perdí mi única oportunidad de viajar en helicóptero) y nos dirigimos hacia el hospital.

Resultó ser que solo tuve abrasiones, un pulgar dislocado, un hombro separado, un esguince en la ingle y varios dolores y molestias. Increíble que no haya sufrido lesiones más graves. Tal vez fue un milagro; Dios extendiendo la mano para salvarme. No lo sé, pero algo me sucedió ese día. Quizá no fue más que el shock y la adrenalina, pero ese día, sentado allí en medio de la carretera, me invadió la conciencia de algo más grande que yo. Descubrí una paz, una serenidad y una conciencia que jamás había sentido antes. Mi vida cambió —para siempre—. Por primera vez en mucho tiempo, supe que iba a estar bien.

Toda mi vida había querido sentirme conectado, pertenecer. Buscaba un gran propósito y significado, pensando que tenía que alcanzar el éxito y estar a la altura de todas las expectativas que se habían puesto en mí, cuando lo único que realmente quería era sentirme en paz, ser feliz. Busqué la felicidad en las relaciones, las cosas y el dinero. Busqué la paz en iglesias, jardines, museos y templos. Pensaba que, de alguna manera, si tenía las cosas adecuadas o la esposa adecuada, el trabajo adecuado o el auto adecuado, finalmente alcanzaría la paz y la felicidad que durante tanto tiempo me habían eludido.

Allí sentado, con la pierna atrapada bajo la moto, disfrutando de la belleza del día otoñal, del olor a césped, a tierra y a pino, la sensación de la tierra debajo de mí, percibí una sensación de pertenencia. Pertenecía a todo. Sería un error decir que allí, en la calle, experimenté la felicidad; sin embargo, la alegría no estaba muy lejos.

Aquel día aprendí que la paz y la felicidad están en mi interior. No están en las cosas; no se pueden comprar ni me las puede regalar otra persona. Solo debo detenerme y prestar atención para poder acceder a estas.

No sé si en ese accidente encontré a Dios, pero está bien. No estoy seguro de que realmente importe. Hoy tengo fe en que alguien me cuidará. No sé quién, cómo ni por qué. Solo sé que formo parte de algo más grande y que, cuando estoy presente, la vida es bella.

Richard V.
Charlotte, North Carolina

# TERCER PASO

Decidimos poner nuestras voluntades y nuestras vidas al cuidado de Dios, *como nosotros lo concebimos.*

*Los relatos personales y muy bien redactados de este capítulo se centran en una frase clave en la historia de AA. El primer borrador de Bill sobre los Doce Pasos hablaba mucho sobre Dios, pero cuando se lo mostró a sus compañeros de AA, había quienes pensaban que los ecos de la doctrina cristiana explícita alejarían a otras religiones y a los no creyentes. La frase "Dios, como nosotros lo concebimos" —según las creencias personales de cada individuo— se convirtió en el compromiso que "amplió así nuestra puerta de entrada para que todos pudieran pasar por ella", escribió Bill. Las historias de este capítulo capturan momentos cruciales en los que "decidimos" permitir que nuestros Poderes Superiores asumieran aquellas cargas que no podíamos manejar, y la libertad que se deriva de nuestra buena voluntad de rendirnos.*

# Trátese con cuidado

Marzo de 2014

Creo firmemente que fue en el Tercer Paso en que cometí el error que derivó en mi recaída en noviembre de 2010, luego de cinco meses de sobriedad a duras penas. Mi padrino y yo comenzamos con mi Cuarto Paso, pero aparentemente había omitido algo en el anterior.

Había leído las palabras del Tercer Paso un millón de veces. Creía que entendía perfectamente el significado de cada una; sin embargo, había cambiado los significados para que se ajustaran a mis ideas y prejuicios preconcebidos.

Estaba en una de mis reuniones cuando, de repente, me di cuenta de que la palabra clave de este Paso es "cuidado". Así que busqué el significado. Ante todo, la palabra no tiene nada de vergonzoso. No implica control, servidumbre ni ninguna otra forma de denigración, humillación o degradación. Pero yo había decidido inferir que sí. Ahora me doy cuenta de que simplemente no tenía voluntad.

No puedo decir que ahora haya superado todos mis prejuicios —claramente no es así—. No obstante, lo que sí puedo decir es que el Tercer Paso no tiene nada que ver con estos. Es más bien una declaración de mi buena voluntad de permitir que mi Poder Superior asuma las cargas que yo no puedo manejar por mí mismo. Es permitirle entrar en mi vida con el entendimiento de que solo él puede hacer todo —yo no puedo—.

El Tercer Paso ahora tiene un significado totalmente nuevo para mí. Si bien antes pensaba que esta era más bien una oración que me imponían, ahora la veo como un regalo que se me ha concedido. Puedo permitir que mi creador me cuide y me proteja. Todo lo que debo hacer ahora es aceptar ese regalo. En realidad, es una oportunidad única en la vida. Es mi oportunidad de elegir la vida en lugar de una muerte alcohólica.

Mark L.
Stagecoach, Nevada

# Una decisión en el desierto

Marzo de 2022

Eran las 8 p. m. y acababa de terminar la mayor parte de la rutina posterior al vuelo luego de una misión de vigilancia y exploración de 10 horas mientras me encontraba asignada en algún lugar del desierto. Las tareas posteriores al vuelo incluían apagar todos los sistemas de mi misión, limpiar y embolsar la basura, colocar las cubiertas en los motores del avión y reunir toda la información de inteligencia recopilada durante la misión. Decir que estaba cansada era poco. Lo único que quería era subirme a la camioneta de servicio y volver a donde estaban nuestras tiendas de campaña para comer algo y dormir un poco. Pero aún era una "novata", una operadora no cualificada y no acústica, que tenía que sacar el... bueno, no diré cómo lo llaman. Digamos que era una de las tareas más desagradables que se le asignan a los "nuevitos" como yo.

Tenía que vaciar un bidón delgado de un metro y medio de altura con una tapa en la parte superior. Sí, en eso hacíamos nuestras necesidades durante los vuelos, ya que no había un baño de verdad. Estaba transportando este horrible cubo a través de la pista de vuelo para vaciarlo en un baño real, que no era otra cosa que un tráiler con algunos baños portátiles. Mientras lo transportaba, lo balanceé con demasiada fuerza y la orina de diez tripulantes diferentes se derramó por toda mi pierna, empapando mi traje de piloto.

Con ira, arrojé el recipiente a la grava junto a la pista de vuelo y lo vacié. Después de llevarlo nuevamente al avión, me dirigí con paso firme a la tienda donde se almacenaba el equipo de vuelo. Fui la última de mi tripulación en dejar mi chaleco y mi equipo. Mientras me dirigía al área de fumadores, me di cuenta de que ninguno de mis compañeros estaba a la vista. Se habían ido sin mí, dejándome sola para volver al campamento de campaña. Por suerte, había otro grupo de tripulantes que regresaba y salté a la camioneta con ellos, apestando a lo que ya saben.

Me dejaron en el área común. El área común consistía en una tienda enorme con mesas, sillas y, por supuesto, un bar improvisado.

La gente bebía, jugaba a las cartas y socializaba. Todos estaban pasando un muy buen momento bebiendo, salvo yo.

Un compañero de tripulación se me acercó, alegremente borracho, me balbució algo con su aliento a cerveza, y se alejó. Yo estaba agotada, enfadada, sola y sobria. Lo único que sabía era que no quería beber, pero su aliento me susurró palabras dulces al oído, recordándome con qué facilidad podía difuminar esas emociones.

Regresé a mi tienda, me duché y me cambié. Tomé mi Libro Grande y me dirigí al área de fumadores. Mientras fumaba un cigarrillo tras otro con lágrimas rodando por mis mejillas, comencé a repetir incesablemente en mi cabeza: "No quiero beber".

Recé con los dientes apretados, pidiéndole a mi Poder Superior que me mantuviera sobria. Era más bien como suplicar y rogar. No quería volver a ese horrible lugar oscuro del que acababa de salir hacía menos de un año. Volteé una página del Libro Grande y comencé a leer. Finalmente leí: "Una vez más: [...] en ciertas ocasiones, el alcohólico no tiene ninguna defensa mental efectiva contra la primera copa. Excepto en unos cuantos casos raros, ni él ni ningún otro ser humano puede proveer tal defensa. Su defensa tiene que venir de un Poder Superior".

Desde el momento en que leí: "Su defensa tiene que venir de un Poder Superior", supe lo que debía hacer. Me invadió una sensación de calma y serenidad. Nadie me iba a detener si quería beber. Saber que era alcohólica tampoco me detendría, porque había seguido bebiendo a pesar de las consecuencias negativas durante años.

Desde los 15 años, cuando probé mi primera copa, fui una alcohólica declarada. Nunca hubo término medio para mí. En el instante en que el alcohol llegó a mi estómago y calentó mis entrañas, supe que lo había logrado. Inmediatamente, calmó la obsesión carcomiéndome las entrañas, porque al fin la había saciado.

Con esa idea de que mi Poder Superior era mi única defensa allí, en el desierto infinito, cerré los ojos y respiré hondo. Comencé a pensar en los primeros tres Pasos que había trabajado con una madrina antes de marcharme. Hasta ese momento en el desierto, había estado hablando por hablar. Tenía las mejores intenciones, pero el trabajo que estaba haciendo con otra alcohólica simplemente no me había calado hondo hasta ahora.

Primero, admití ante mi yo más íntimo que era alcohólica. Me rendí con todo mi ser. Segundo, llegué a creer en un Poder Superior porque podía sentir su presencia a mi alrededor en ese momento. La fe de todos mis compañeros alcohólicos me envolvía, y yo estaba en el centro. Tercero, renuncié a todo el poder que yo creía tener y lo dejé en manos de ese Poder. No tenía idea de qué era ese Poder, ni me importaba, pero sabía que, si quería vivir, debía hacerlo.

Esa fue la primera experiencia espiritual que tuve desde que era una niñita que había abandonado a Dios cuando le sucedieron cosas terribles en la vida, y no entendía por qué ni cómo este Dios la había olvidado. Ahora era una adulta que había pasado por un infierno. Pensaba que lo había conseguido por mí misma, pero ahora me daba cuenta de que mi Poder Superior había estado allí, guiándome para que pudiera llegar al otro lado con vida.

Conseguí pasar esa noche sin beber gracias a la ayuda de un Poder superior a mí misma. Y todos los demás días hasta ahora.

Dee Anne P.
Oak Harbor, Washington

## Suelta un poco

Marzo de 2018

Hace unos años, mi esposa y yo tuvimos la suerte de vacacionar junto con mi padrino y su novia en Hilton Head, Carolina del Sur. Las mañanas de café y los momentos tranquilos de oración y meditación con frecuencia eran sucedidos por las reuniones muy temprano (“*eye-opener*”), a las 7:30 a. m., y la oportunidad de conocer a otros vacacionistas de la costa con la misma mentalidad.

La posibilidad de pasar este tiempo junto a mi nuevo padrino, Dave, luego de la pérdida de mi padrino de veinte años, John, fue realmente providencial. Nos dio a cada uno un tiempo sin restricciones para hablar y aprender del otro cómo implementamos los Pasos de AA en nuestra forma de pensar y vivir los problemas, así como la oportunidad de reflexionar sobre las innumerables bendiciones de nuestra recuperación.

Una mañana, Dave sugirió que lleváramos nuestras bicicletas y su cometa de doble cuerda a la playa. Era un día soleado y una brisa moderada creaba las condiciones ideales para volar cometas. Hasta entonces, mi experiencia con las cometas se había limitado a las de una sola cuerda. Al ponernos en marcha, sentí que mi defecto de carácter favorito —despreciar antes de investigar, alimentado por el orgullo y el perfeccionismo— asomaba su cabeza fea.

Para mi consternación, Dave armó rápidamente la cometa de doble cuerda. Realmente no quería participar en esta actividad mundana y poco práctica en un día en el que podríamos haber caminado y compartido de manera beneficiosa y profunda nuestras experiencias de recuperación a largo plazo.

Después de soltar unos 23 metros de cuerda, mi tarea consistía en elevar la cometa con la brisa que soplaba en la costa aquella mañana luminosa de marzo. Con aparente facilidad, Dave consiguió mantener la cometa de doble cuerda en el aire en solo dos intentos. Otro de mis defectos de carácter —los celos—, comenzó a aflorar con la brisa que soplaba en la costa.

Ahora era mi turno. Antes de posicionarse para elevar la cometa, Dave le hizo una sugerencia simple a este alcohólico "que desprecia antes de investigar".

"Mientras yo elevo la cometa al viento", sugirió, "junta los codos y sujeta las asas de la cometa con un agarre flojo. Deja que el viento arrastre la cometa".

A mi manera obstinada, procedí a hacer exactamente lo contrario a su sugerencia. Con las manos muy aferradas a las asas de la cometa y los codos separados, tiré de las cuerdas, solo para ver cómo la cometa se estrellaba contra la arena al menos una docena de veces.

Cada vez que la cometa se estrellaba, Dave corría diligentemente tras ella, la levantaba con cuidado y me recordaba que aflojara la mano y dejara que el viento la arrastrara. Estaba descubriendo de nuevo que mi "propio coraje y mi fuerza de voluntad" no podían elevar la cometa en el viento.

Entonces sugerí que, quizá, ese no era el día para volar esa cometa en particular. Dave me sugirió que lo intentara una vez más. Mientras tomaba las asas de la cometa sin mucho entusiasmo, Dave volvió a elevarla. Pero esta vez supe que alguien o algo más había entrado en escena. Cuando aflojé la mano y junté los codos, la cometa comenzó a ascender con el viento. Mi anterior desprecio fue repentinamente sustituido por un espíritu infantil y la confianza de que ahora mi Poder Superior estaba encargándose de esta tarea hasta entonces imposible. La cometa permaneció en el aire durante casi 20 minutos.

De hecho, mi padrino, su novia y mi esposa tuvieron que decirme que era hora de bajarla, ya que se estaban preparado para irse de la playa.

El año pasado, a mi esposa le diagnosticaron cáncer y entramos en un largo período de ansiedad, temor e incertidumbre mientras consultábamos a diferentes médicos para identificar el cáncer y establecer un plan de tratamiento. Cuando comenzó el tratamiento, una mañana de temperaturas bajo cero subimos al auto para ir a la radioterapia.

Mientras me sentaba al volante, miré a mi esposa, que reflejaba el temor y la preocupación que ambos sentíamos. Arranqué el auto y me aferré fuertemente al volante. Mientras lo hacía, mis pensamientos se aceleraron sin control. Entonces, una idea sencilla ingresó a mi conciencia. Recordé las palabras de mi padrino aquel día en la playa: "Suelta un poco y junta los codos". Al recordar aquel momento, comencé a "comprender la palabra serenidad". De cierto modo, supe que encontraría la paz durante el difícil momento que se avecinaba.

Con a la gracia de Dios, la atención de un personal médico fantástico y el apoyo y las oraciones de mi familia y de AA (con mi padrino a la cabeza), el cáncer de mi esposa hoy está en remisión. Desde aquel día de marzo en la playa, aprendí que muchos de mis problemas de pensamiento y de vida tienen su origen en "el mal uso de la fuerza de voluntad".

Cuando intento bombardear mis problemas —y, en ocasiones, oportunidades ocultas— con mi propia voluntad, lo único que puedo experimentar es frustración, decepción y, más tarde, remordimiento por las oportunidades perdidas que mi Poder Superior tiene reservadas para mí.

Armonizar mi voluntad con la intención que hoy Dios tiene para mí, me permite comprender nuevamente la palabra serenidad y conocer la paz. De a poco estoy aprendiendo que el crecimiento espiritual es, de hecho, cada vez más posible si intento, en la medida de mis posibilidades, aplicar estos principios en todos los aspectos de mi vida. Y el Tercer Paso, junto con un padrino cariñoso y paciente, y una cometa de doble cuerdas, me abre la puerta.

Paul M.
Valatie, New York

## Nudillos blancos, ojos claros

Marzo de 2014

Para celebrar mi 15.º cumpleaños, mi padre compró un par de cajas de cerveza y armamos una fiesta en nuestro sótano. Estuvo muy divertida. Mis amigos y yo bebimos y jugamos billar toda la noche. Todas mis inseguridades y mi sensación de no encajar desaparecieron con la primera cerveza. En algún momento a primera hora de la mañana, recuerdo estar mirando fijo la lata de cerveza que tenía en la mano y les dije a mis amigos que esa era la vida. Uno de mis amigos se enfadó muchísimo y discutió conmigo porque su padre era alcohólico.

Fue un momento de lucidez, quizá una advertencia de mi Poder Superior, pero lo ignoré. Eso ocurrió el 9 de octubre de 1965. Los siguientes 15 años ya estaban escritos para mí: me convertí en un bebedor diario. Desde el inicio, sufrí resacas horribles y remordimiento;

sin embargo, seguía diciéndome que la próxima vez sería diferente. Durante muchos años, intenté encontrar nuevamente aquel primer destello, pero jamás lo logré.

Avancemos rápidamente hasta el 24 de diciembre de 1980. Estaba sentado con mi primera cerveza del día y me decía que merecía emborracharme una vez más. No importaba que me sintiera horriblemente enfermo. Me merecía ese placer. Desde hacía tres semanas, en el refrigerador había quedado una caja de cerveza mientras me desintoxicaba de todas las pastillas que había tomado para las convulsiones debido a un reciente período de consumo controlado de alcohol. Me descubrieron cuando finalmente le conté a una psiquiatra la verdad sobre mi alcoholismo. En aquel momento la doctora no quiso lidiar conmigo y me programó una cita con los de rehabilitación para la primera semana de enero. Sin embargo, ese día sentí que merecía emborracharme una vez más. Luego de beber dos tragos de la botella que tenía en mi mano, tuve la revelación de que esto jamás volvería a funcionar. Así que me senté allí, en la oscuridad de mi mente y mi alma —perdido—. Creo que entonces experimenté mi segundo momento de claridad: vertí el resto de la botella por el desagüe. Y me enfadé mucho.

La doctora me había dicho que, a menos que cambiara mi actitud, no me aceptarían en su programa, ya que sería una absoluta pérdida de tiempo. Me dijo que o dejaba de beber o moriría. Su enfermera me dio un Libro Grande, que me llevó a una reunión de AA el 11 de enero.

Poco más de un año después, me encontraba en la escuela de consejeros sobre adicción a las drogas y al alcohol de la Marina de los Estados Unidos. El letrero sobre la puerta decía: “Lo mejor de lo mejor”; ciertamente no era yo. Había estado teniendo sueños ininterrumpidos relacionados con la bebida desde que dejé el alcohol; pesadillas realmente desagradables de las que me despertaba cubierto de sudor y tenía que preguntarle a mi esposa si realmente había vuelto a beber. Fue un año y medio muy duro sin beber, y todo porque no trabajaba el Tercer Paso. Incluso mi padrino me había acorralado contra una barraca Quonset y me había amenazado con darme una paliza si no comenzaba a rezar. Con frecuencia venía a mi casa con su padrino para rezar conmigo, pero yo no me rendía. El único Dios que yo conocía era un Dios castigador. Sentía que en 1977 nos había quitado a mi esposa y a mí nuestro primer hijo, como castigo por mis acciones.

A las tres semanas de comenzar las clases, tuve que ir a ver al director. Los sueños relacionados con la borrachera se habían intensificado, al igual que la ira y el temor, y no me estaba yendo bien en el programa. Cuando me presenté en su oficina, me dijo que me colgara de su puerta y que me quedara ahí hasta que él me autorizara. Se lo demostraría; me colgué de la puerta y me decía a mí mismo que yo podía. Unos minutos más tarde, caí, con los nudillos blancos y doloridos. Fue entonces cuando tuve mi tercer momento de lucidez. No tuvo que decir ni una palabra; el mensaje me impactó como un ladrillo. No podía hacer esto solo. Y si seguía intentándolo, volvería a beber.

Esa misma noche, en un tráiler en San Diego, trabajé el Tercer Paso con un compañero de AA. Más tarde, la misma noche, tuve otro sueño sobre el alcohol. Me encontraba en el bar habitual; sin embargo, alguien entró antes de que tomara una copa y salimos juntos del bar —sobrios—. Al día siguiente, hice las maletas y fui hacia la parte de la casa dedicada al tratamiento para trabajar sobre algunos de esos problemas de culpa e ira.

Como resultado de mi tercer momento de claridad, ahora tengo un Dios amoroso que siempre está conmigo. Me permite cometer errores, pero siempre está ahí cuando le pido ayuda. Quizá igual de importante es que sé que debo de mantenerme sobrio o lo perderé todo. Después de trabajar el Tercer Paso, la compulsión por beber desapareció y pude volver a trabajar el Cuarto y el Quinto Paso y liberarme del pasado. Entonces pude seguir adelante y trabajar el resto de los Pasos en orden, en lugar de solo trabajar el Primer y el Duodécimo Paso.

Hoy celebro mi 30.º aniversario de sobriedad en AA. Mi vida está repleta de bendiciones maravillosas. Mi Poder Superior y la Comunidad me enseñaron a madurar, a pensar en los demás y a servirles. Cuando llegué aquí, solo quería salir de los problemas y no volver a beber, lo cual ha sucedido. El resto es solo la cereza del pastel.

Bill F.
Anaheim, California

## Absolutamente preparado

Marzo de 2013

El jueves pasado, cuando me diagnosticaron melanoma, mis pensamientos inmediatos se dirigieron hacia la aceptación y a la oración del Tercer Paso. ¿Cómo es posible que eso le sucediera a alguien que, hasta hace solo dos años y 10 meses, consumía alcohol como respuesta a todo?

Cada reunión a la que había asistido, de alguna manera había sido exactamente lo que necesitaba. Comenzó con mi reunión de los miércoles a las 7 de la mañana, cuando un compañero irlandés recibió su medalla de 33 años. Estábamos en el Sexto Paso y, luego de leer: "Estuvimos enteramente dispuestos a dejar que Dios nos liberase de nuestros defectos de carácter", mi amigo agregó: "¡Y eso significa estar absolutamente preparados!".

Esto siempre ha sido un punto de control para mí, y por lo general descubría que no estaba absolutamente preparado y que necesitaba dar un paso atrás y ver qué estaba sucediendo. Bueno, aquel día estaba absolutamente preparado y me sentía realmente en paz.

Esa noche, en la reunión de mi grupo base, otros dos amigos recibieron fichas de sobriedad por sus 33 años y estábamos en el trabajo del Tercer Paso. Esta ha sido mi piedra angular, y me encontré pensando en la oración del Tercer Paso, concretamente en las partes que dicen: "Líbrame de mi propio encadenamiento..." y "...que la victoria sobre ellas sea el testimonio para aquellos a quien yo ayude de Tu Poder...". Me imaginé a mí mismo sostenido "en la palma de su mano", algo que proviene de un proverbio irlandés.

El jueves recibí los resultados de la biopsia. Llegué a casa sintiéndome paralizado y en paz, y se lo conté a mi esposa y a mi hijo. Asistí a mi reunión de las 8 p. m. y, efectivamente, un amigo que es mejor que mi viejo labrador negro para detectar personas tristes se acercó y se sentó a mi lado. Mientras nos dividíamos en pequeños grupos, le conté la noticia. Dijo que rezaría por mí. Al compartir la noticia con el grupo, me encontré agradeciéndole a Dios por este programa, ya que me había preparado para este día. Estaba en manos de Dios y no podía olvidarme de eso. Necesitaba soltarlo y aceptar a Dios.

El viernes fue un día raro. Todas las cosas que yo creía importantes de repente dejaron de serlo. Decidí tomarme la tarde libre y me puse en contacto con uno de mis compañeros de AA para pedirle que nos reuniéramos a las 7:30 p. m. Nuestro servidor de confianza eligió "la ira" como tema, pero yo hablé sobre la aceptación. Ahora tenía claro que las cosas que solían provocarme ira ni siquiera valían la pena considerarlas. Comenzaba a entender el concepto de serenidad y a conocer la verdadera paz. En mi reunión de las 6 p. m. del lunes, escuché atentamente mientras dos recién llegados compartían sus historias, recordando el apoyo que había recibido de mis nuevos amigos durante esos primeros días y semanas.

Estoy convencido de que Dios no me ayudó a vencer mi alcoholismo para luego castigarme con el cáncer. Todavía estoy en proceso de recuperación y tengo toda la intención de vivir lo suficiente para poder decir que llevo sobrio más tiempo del que estuve bebiendo. Tengo programada una cirugía de biopsia de ganglio linfático centinela para principios de la próxima semana. Después, independientemente del resultado, pienso seguir compartiendo mi experiencia, fortaleza y esperanza con los demás.

Tim P.
St. Paul, Minnesota

# CUARTO PASO

Sin miedo hicimos un minucioso inventario moral de nosotros mismos.

*Uno de los motivos principales para beber es el resentimiento —con mucha frecuencia, cada trago viene acompañado del nombre de una persona que nos ha hecho daño, ya sea real o imaginario—. Hacer un inventario del Cuarto Paso saca a la luz esos resentimientos y nos ayuda a comprender, según analiza Alex M. en "Aparecían en cualquier parte", "...cuánto más fácil era hacerme la víctima y culpar a los demás por mi vida caótica, que asumir la responsabilidad de mi propio rol". Ya sea algo tan insignificante como un comentario hecho en una fiesta (ver "Bajar la intensidad", de Kiko M.) o la ira descarnada de un hombre que se encuentra en la cárcel ("Ese diablo furtivo", de Robert C.), el Cuarto Paso nos ayuda a aplacar nuestro ego, a ser mejores amigos, esposos, parejas y compañeros de trabajo y a vivir una vida sobria más feliz.*

# ¡Zambúllete! El agua está bien

Abril de 2014

Cuando llegué a AA en octubre de 1996, estaba acabado. Llevaba años trabajando en bandas de rock y en clubes nocturnos de Nueva York, y ahora escondía botellas y bebía vodka a temperatura ambiente todo el día para controlar los temblores. No podía contárselo a mis amigos más íntimos, y la soledad se había vuelto insoportable. Cuando llegué a las salas, estaba dispuesto a hacer cualquier cosa que me dijeran.

Durante un tiempo deambulaba de una reunión a otra de forma anónima, algo que es fácil hacer en Manhattan. Pero un día, por alguna razón, me acerqué a un muchacho amigable que había hecho el anuncio sobre apadrinamiento. Le dije balbuceando: "Necesito uno de esos", y rápidamente me llevó ante un completo desconocido de nombre Scott, que dijo que sería mi padrino. Al día de hoy sigo sin poder creer que me acerqué a esos muchachos.

Scott era un hombre dulce y tranquilo de Wall Street; nada que ver conmigo. Luego de la reunión, me llevó a un restaurante cerca de Union Square y me contó cómo solía pasearse de un lado a otro frente a la licorería a las 8 a. m., temblando y desesperado por que abriera. Me convenció. Este muchacho sabía por lo que yo estaba atravesando. Esa noche, Scott comenzó a llevarme a sus reuniones favoritas y me puso en contacto con otros miembros de AA. Nunca olvidaré que hizo eso.

Al cabo de unos meses, empecé a escuchar que las personas hablaban de trabajar el Cuarto Paso, y yo estaba listo para trabajar el mío. Pero Scott me frenó. Creo que quería asegurarse de que yo tuviera un Poder Superior. Después de todo, dice "minucioso inventario", ¿verdad?.

Cuando llegó el momento, armé columnas como las del "Sr. Brown" en el Libro Grande. La parte fácil fueron los resentimientos. No tuve ningún problema en enumerarlos. Sin embargo, cuando iba a escribir lo que mis amigos, como Russ, Paul y Judy, me habían hecho, no supe qué anotar, ¡porque no me habían hecho nada! Entonces, me di cuenta de que había transcurrido toda mi vida esperando que la gente se comportara de cierta manera y, cuando no lo hacían, me resentía. Qué revelación.

Cuando llegué a la columna "Mi parte", me quedé aún más perplejo. Pensé "¿Qué quiere decir con "Mi parte"? ¡Era un buen muchacho!". Simplemente no podía dejar de beber vodka todo el día. Pero, cuando me pregunté si podría haber sido un mejor hermano, hijo o amigo, se me abrió una puerta y realmente comencé a escribir.

Cuando llevaba tres cuartas partes del camino recorrido, comencé a estancarme. Fue entonces cuando escuché a esta mujer, Gerry, que solía sentarse a tejer en mis reuniones de Pasos a la hora del almuerzo, decir: "Solo es una lista. Escribe. Solo es una lista". Eso me ayudó, porque estaba intentando escribir toda la historia de mi vida y me obsesionaba con que fuera perfecta. Ella también me enseñó que debemos trabajar el Cuarto Paso lo más concienzudamente posible, y que siempre podía trabajar otro Cuarto Paso más adelante. ¡Guau! Eso sí que me ayudó a relajarme un poco. Bien. También escuché a otras personas decir: "Mira hacia atrás, pero no te quedes en el pasado. Sigue adelante". Podría pedirle ayuda a mi padrino. Era importante no quedarse estancado. No tiene que ser perfecta.

No puedo creer cuánto ha cambiado mi vida el Cuarto Paso. No soy la misma persona que la que era antes de este increíble Paso. Ahora sé cómo funciono y cómo me he comportado. Este Paso me ayudó a identificar mis defectos de carácter, lo que me llevó al Sexto y al Séptimo Paso, que a su vez me llevaron a mi Poder Superior amoroso.

Uno de los grandes obsequios que me ha hecho AA es la capacidad de estar ahí para los demás. Hoy puedo ayudar a un ahijado con su Cuarto Paso, asegurándole cuando tiene miedo que todo va a salir bien. Le digo que el Cuarto Paso es nuestro amigo. No es un castigo. No es una excusa para castigarnos a nosotros mismos. Ya tuvimos suficiente de eso cuando estábamos afuera bebiendo hasta morir.

Cuando era un recién llegado, recuerdo que iba a las reuniones de los Pasos y me sorprendía escuchar a la gente compartir el alivio que sentían al trabajar el Cuarto y el Quinto Paso. Me recordaba a mí mismo de niño, de pie en el extremo del trampolín, lleno de miedo, mientras mis amigos ya estaban chapoteando y jugando en la piscina, y me gritaban:

"¡Vamos! ¡Salta!".

Así que toma el bolígrafo. ¡Zambúllete! Al principio el agua está fría, pero créeme, el agua está realmente bien.

Danny S.
Georgia

## Aparecían en cualquier parte

Abril de 2019

Al leer el Cuarto Paso, me di cuenta de que ya se mencionaban mis principales defectos de carácter: egoísmo, deshonestidad, resentimiento y temor. El resentimiento, según mi lista de rencores, era fácil de reconocer. La deshonestidad también era fácil, dado que yo mentía sobre todo para que no descubrieran mis secretos. El temor era un defecto porque se trataba de perder algo que tenía o no lograr algo que quería.

Estos tres defectos quedaban reducidos al egoísmo y al egocentrismo. Me causaron muchos problemas, particularmente cuando me creía todopoderoso y que podía controlar todos los aspectos de mi vida.

Escribir mi inventario moral de lo que había hecho mal en el pasado fue una experiencia liberadora. Por una vez pude ser honesto conmigo mismo y ya no tenía que guardar esos esqueletos en un armario. Eran como zombis que no se quedaban muertos y seguían apareciendo donde no eran bienvenidos. Cuando lo hacían, me invadía la vergüenza y la culpa. El comité en mi mente se agitaba. Me invadía el temor por lo que había hecho el día anterior bajo un estado de inconsciencia debido al alcohol y por lo que podría pasar al día siguiente cuando todo se descubriera.

Así que trabajé el Cuarto Paso exactamente como se sugiere en el libro, con mucha ayuda de mi padrino. Escribí sobre cómo resentía a mis padres, a mi esposa, a mi familia, a mi jefe, a mis compañeros de trabajo, a mis vecinos, a personas de mi infancia y a algunas que habían fallecido hacía mucho tiempo. Escribí sobre las injusticias que había soportado y sobre toda mi ira justificada. Escribí sobre mi temor a morir de una muerte larga, lenta y dolorosa a causa de un cáncer, de mi temor a quedar en la ruina, mi temor a que las personas me odiaran... y mi temor a no ser amado nunca.

Escribí sobre mi incapacidad para tener cualquier tipo de relación sana o plena con nadie y a qué se debía eso. Escribí sobre personas a las que había dañado más que lo que ellas lo habían hecho conmigo, y sobre algunas que no me habían dañado en absoluto.

Hice una lista de los defectos de carácter que nunca había reconocido ni aceptado como míos. Según lo veía, esos defectos siempre habían sido los de otras personas. Escribí sobre cuánto más fácil era hacerme la víctima y culpar a los demás por mi vida caótica, que asumir la responsabilidad de mi propio rol en mi vida miserable.

Al final, no podía creer la montaña de basura que había creado. Apestaba. Y era toda mía. No había limpiado la casa, había limpiado mi interior.

El libro dice: “Cuando decidimos quién escuchará nuestra historia, no perdemos el tiempo”. Eso no es problema. Quería que esa pila de basura desapareciera. Así que trabajé el Quinto Paso de inmediato. Fue un proceso largo y algo aterrador, pero fue un gran alivio. Finalmente podía soltar la culpa y la vergüenza por mi pasado y ver que tal vez, solo tal vez, podría iniciar una vida nueva.

Alex M.
Louisville, Kentucky

# Un Cuarto Paso sospechoso

Abril de 2015

Soy alcohólico y tengo dislexia grave. En la escuela, mis notas eran D y F. Pude alistarme en el ejército porque un amigo me ayudó a aprobar el examen. Acepté un trabajo en el servicio que no requería leer. Más tarde, gracias a un programa federal, pude tomar clases universitarias. En la universidad necesitaba que alguien me leyera los exámenes en voz alta. También tenía que responder verbalmente, en lugar de hacerlo por escrito.

Ahora tengo más de 50 años y saco A y B en mis clases. Espero que mi historia les lleve esperanza a los recién llegados y les recuerde que hay una forma nueva de vivir, y que nunca están solos. En AA hay personas que pueden guiarte a través de los Pasos y ayudarte a ver cómo se relacionan con tu vida.

Mi camino hacia la sobriedad inició en el verano de 1980. Comencé a asistir a AA porque mi madre me pagaba para que llevara a mi hermano a las reuniones. Acepté porque así cubría mis gastos de gasolina y me quedaba algo de dinero extra para beber. En aquel momento no me consideraba alcohólico, a pesar de que en tres ocasiones me enviaron de regreso a casa por presentarme ebrio al trabajo.

Recuerdo que alguien en una reunión les sugirió a los recién llegados que intentaran no beber durante 90 días. Pensé que 90 días no serían un problema, ya que no era alcohólico. Así que me autodesafié a no beber durante dos años, y casi lo logré.

Durante este primer período de sobriedad, conseguí un padrino con el que compartí algunas cosas personales. Un día, cuando llegué temprano a una reunión, creí oír por casualidad que hablaba de mí con otro miembro. Fue entonces cuando decidí que no necesitaba un padrino y que podía hacerlo solo. Debo mencionar que, años más tarde, me di cuenta de que mi primer padrino probablemente no estaba hablando de mí.

Mientras me autoapadrinaba, pasé por momentos muy difíciles, incluida la pérdida de mi padre. Se suicidó en diciembre de 1980. Yo fui la última persona con la que habló. Se lo escuchaba bien y hablamos sobre las cosas que estaba haciendo en el trabajo y los planes que tenía. Unos 30 minutos después de nuestra conversación, se suicidó. Creo que estaba en un estado de inconsciencia debido al alcohol y no sabía lo que hacía. De alguna manera, logré mantenerme sobrio durante ese período.

En junio de 1982, salí, tomé un trago de whisky y me fumé medio porro. Esa fue la última vez que bebí alcohol o consumí drogas. Me di cuenta de que iba a terminar en la calle y que tendría que venderme para mantener mi adicción. No iba hacerlo, pero me daba miedo ir a mi reunión en el área de la costa central de California. Y evitaba la línea de ayuda de AA porque conocía a una mujer que trabajaba allí. Me había llevado en auto a las reuniones y había oído por casualidad a su marido decir que yo nunca lograría la sobriedad. Así que no podía llamarla para contarle sobre mi recaída y demostrarle que su marido tenía razón. En cambio, le confié mi recaída a mi supervisor. Me dijo que lo guardara en secreto y que nadie lo sabría nunca. Pero yo lo sabía. No dejaba de pensar en lo que está inscrito en nuestras fichas de sobriedad: "Sé sincero contigo mismo". En ese momento me di cuenta de que tenía que hacer algo diferente. La verdad es que tenía miedo de suicidarme, como mi padre.

Volví a Stockton y llamé al hombre que se convirtió en mi padrino hasta que falleció en el 2007. Era el padrino de mi hermano. Me gustaba que conociera mi historia a través de mi hermano. Me obligaba a que todas las semanas asistiera a un grupo de estudio del Libro Grande, a una reunión de "Doce y Doce", a una reunión de mujeres, a una reunión de *Cómo lo ve Bill*, a una reunión de discusión y a una reunión con él. Así que asistía a una reunión casi todos los días. Tenía la certeza de que todo lo que le contara permanecería en secreto. Hice lo que él y otros miembros de AA me sugirieron: mantenerme lo más cerca posible del centro del grupo. Al principio me resultaba muy difícil acercarme a otras personas y confiar en ellas, y aún me cuesta; sin embargo, el miedo es mucho menor que antes.

Cuando nos conocimos, mi padrino y yo empezamos a trabajar el Primer, el Segundo y el Tercer Paso. En aquel momento no tenía un Poder Superior. Al principio, las reuniones de AA eran mi espiritualidad. Hoy puedo decir que tengo un creador, pero la palabra "Dios" todavía me da escalofríos. Ahora tengo un Poder Superior en el que confío cada mañana, y cuando escucho la palabra "Dios", me digo que en AA la entendemos como "una buena dirección ordenada".

Cuando llegó el momento de trabajar el Cuarto Paso, le dije a mi padrino que no podía hacerlo porque no sería capaz de escribirlo. Me dijo que dibujara las cosas y los acontecimientos de mi vida que me habían dañado. Aproximadamente una semana y media después, fui a verle con un libro de dibujos que había creado. Nos sentamos y le expliqué cada dibujo. Con la información que le di y las cosas que analizamos, pudimos completar todas las partes del Cuarto Paso. Al final, tenía una lista de mis defectos de carácter y una lista de personas con las que debía hacer reparaciones. Con la ayuda de este padrino pude trabajar todos los Pasos. Continúo trabajándolos, pero siempre recordaré aquellos primeros días con ese padrino. Agradezco que me guiara a través del Cuarto Paso de una forma que se adaptaba a mi incapacidad de aprendizaje.

Encontré una forma de vida completamente nueva luego de trabajar los Pasos. Espero que, al leer esto, los demás miembros vean que hay más de una manera de trabajar los Pasos, siempre y cuando tengamos buena voluntad, seamos receptivos y honestos.

Wave P.
Fresno, California

# El diario del abuelo

Abril de 2020

Sobre la barra que tienen mis padres en su casa hay una foto colgada del USS West Virginia, un buque de guerra que reconstruyeron después de la Segunda Guerra Mundial. Es una foto en blanco y negro que se tomó mucho antes de que mi padre naciera. En la foto, la tercera persona a la izquierda en la segunda fila es mi abuelo. La tomaron cuando era un joven y apuesto guardiamarina, posando orgulloso delante del barco. A la izquierda, apoyada sobre la barra, hay una foto de él durante sus días en la Marina.

Los familiares y amigos que conocieron a mi abuelo dicen que nos parecemos y actuamos de la misma manera, que tengo muchos de los rasgos de él en vida. Mi abuelo falleció solo un par de meses después de que naciera mi padre, por lo tanto, mi padre nunca lo conoció.

Al crecer, yo preguntaba por mi abuelo y me decían que había muerto debido a una enfermedad mucho tiempo atrás. Siempre supuse que se había enfermado de cáncer o algo parecido. Eso es lo que mi familia me hizo creer.

Cuando llegué a AA, sentí curiosidad por muchas cosas, como la historia del programa, la naturaleza de la enfermedad y si era hereditaria. Una fría tarde de invierno, a mediados de diciembre, mientras estaba sentado en el bar hecho a medida de mi padre, le pregunté si alguna vez se había preguntado sobre la posibilidad de ser alcohólico o si lo era. “No”, respondió, “pero tu abuelo lo era”.

Continuó explicándome que mi abuelo era tan alcohólico como yo, si no más, y que la causa de su muerte fue el alcoholismo. Le pregunté si había más fotos de mi abuelo a las que pudiera acceder. Mi padre apoyó su vaso de whisky sobre la barra, fue hasta su oficina y volvió con una caja. En esa caja había algunos objetos de mi abuelo de casi setenta años atrás.

Había una pelota de béisbol firmada por los Yankees de 1923, notas con mensajes de amor para mi abuela, recortes de periódico, sus placas de identificación y una navaja de bolsillo antigua.

En el fondo de la caja había un diario atado con una cuerda a un libro que se veía desgastado. Mi corazón se detuvo cuando tomé con cuidado ese libro viejo. Era su Libro Grande, ¡una copia de la primera edición!

Dejé su Libro Grande sobre la barra y procedí a leer el diario de mi abuelo. Las primeras páginas describían con detalles espantosos la lucha, la tristeza, la desesperanza y el miedo que se apodera de quien es víctima del "rey Alcohol". Lo que mi abuelo había documentado era una descripción exacta de cómo me había sentido yo antes de encontrar mi camino hacia AA.

Le pregunté a mi padre si alguna vez había leído el diario. Me dijo que sí, pero que después de leer las primeras páginas se sintió confundido. Me pidió que fuera a la página seis. Señaló algunas palabras y dijo: "Eso no tiene sentido. Todo eso que está escrito..., supongo que es sobre personas que mi padre odiaba".

Casi me caigo de la banqueta y, para variar, no era por haber tomado demasiados cócteles. Le arrebaté el diario de las manos y sentí una presencia que se apoderó de mí, algo casi sobrenatural Las primeras páginas del diario eran el inventario del Cuarto Paso de mi abuelo. Describía la guerra y, según las fechas de los registros en su diario, pareciera que lo escribió mientras estaba destinado en Pearl Harbor.

Si bien nunca conocí a mi abuelo, estamos unidos para siempre porque compartimos el mismo problema.

Después de esas páginas, no había mucho más en su diario. Supongo que se puso al día con el alcohol. Todavía no sé con certeza si la enfermedad se transmite de una generación a otra, pero sí sé que mi abuelo, de formas que no puedo explicar, camina de mi mano mientras recorro el camino del destino feliz.

Kyle F.
San Antonio, Texas

# Tengo que escribirla

Abril de 2019

Nuestro libro *Alcohólicos Anónimos* va directo al grano cuando se trata del Cuarto Paso. Las palabras "sin temor" y "minucioso" no se toman a la ligera.

A primera vista, nuestro proceso de inventario parece ser un procedimiento simple. Se hace una lista, primero de los resentimientos, ya que se los considera los ofensores "número uno".

Cuando llegué al Cuarto Paso le dije a mi padrino Ray (en un intento sutil por evadir completamente el asunto) que me preocupaba el Octavo Paso. No podía hacer la lista de personas a las que había dañado. Pero Ray solo dijo: "¿Dónde está tu lista?".

"¿De qué lista estás hablando?", le pregunté. "Ya sabes, la lista que hiciste en el Cuarto Paso, de las personas por las que sientes resentimiento", respondió. "Ah, esa lista", repliqué. "No la traje". "Bueno, ¡ve a buscarla!", dijo.

"No la tengo escrita", le expliqué. "Pero tengo la lista en la mente". Ray me miró. Dijo: "No está bien". Entonces, abrió el Libro Grande y señaló la tabla del capítulo "Cómo funciona", con las columnas: "Estoy resentido con", "La causa" y "Afecta mi(s)". Me dio un papel y un bolígrafo y me dijo que fuera al estudio e hiciera una lista similar.

Hay momentos en la vida de una persona en los que se necesita una orientación clara y explícita para superar obstáculos, ya sean reales o imaginarios. Ray contaba con el conocimiento y la comprensión necesarios para ayudarme a lidiar con las dificultades imaginarias del Cuarto Paso de una forma en que eliminó las objeciones que yo tenía.

Repasamos mi lista y agregamos la importantísima cuarta columna: mi parte en esos resentimientos. Luego de terminar con un inventario sobre temor y sexo, me sentí libre para continuar con el proceso de limpiar mi pasado.

En aquel momento funcionó. Y hoy en día continúa funcionado. A menudo me vienen a la mente las palabras de Ray. De nada sirven las medias tintas. Descubrí que, hacer sin miedo un minucioso inventario moral es, de hecho, el ingrediente clave para una sobriedad cómoda.

Terry E.
Elephant Butte, New Mexico

## Ese diablo furtivo

Abril de 2016

Luego de 22 años intentando rehacer mi vida y 1,237 días de sobriedad, me encontré en una celda de 6 por 12, enfadado con el mundo y acusado de acoso por la mujer que amé durante 17 años. Estaba demasiado lleno de ira y de venganza. No dejaba de preguntarme "¿Cómo pudo pasar esto?".

Más tarde ese mismo día, en la cárcel vi un exhibidor de literatura. Estaba lleno de información sobre abuso de sustancias, asesoramiento sobre violencia, zooterapia (lo que fuera que sea eso) y cursos relacionados con el trabajo. Nada de eso parecía relacionarse conmigo. Tengo un buen empleo, que me encanta; mi jefe aprecia mi trabajo y dejé de consumir drogas duras hace más de 20 años con relativa facilidad (especialmente si lo comparo con mi batalla de 10 años contra el alcohol). Incluso pasé tres años haciendo terapia contra la violencia, con resultados que superaron mis expectativas.

De repente, en la esquina inferior derecha del exhibidor vi dos números del Grapevine. Tomé el número de junio de 2014 y lo hojeé rápidamente. Me sentí algo mejor, sin duda más tranquilo, pero aún faltaba algo. Así que tomé el número de mayo de 2014 y comencé a leerlo. Al llegar al final de la revista, encontré exactamente lo que necesitaba leer. Estaba magistralmente entrelazado en la historia de Annemarie, "Nota para el jefe", sobre la Quinta Garantía. Parecía que me estuviera hablando directamente a mí. Sentí clavado el aguijón de la ira mezclado con humildad. Casi podía ver el dedo índice de mi abuela moviéndose de un lado a otro con un gesto de desaprobación. Fue abrumador. Quería —necesitaba— mi Libro Grande, pero lo había dejado en casa, sobre mi mesa de noche. Entonces, pasé a la última página y leí los Doce Pasos. De repente quedé congelado en el Cuarto Paso. Supe inmediatamente que debía hacer un inventario.

Busqué un bolígrafo y, después de escribir solo tres cosas en un papel, quedé atónito. Vi la concentración en mí mismo y mi impaciencia. Aún culpaba a los demás de mis sufrimientos. Me senté en mi celda y reflexioné sobre todo esto durante un rato. Pensé en lo que dirían mi padrino Dimitri y Diane, mi amiga de AA. Me quedó claro que la concentración en mí mismo era sin duda el problema, ya que los otros dos —la impaciencia y la culpa—, siempre me llevaban de regreso a eso. Siempre me impacientaba con las personas que no satisfacían la concentración en mí mismo (casi todo el mundo) y luego las culpaba por mis reacciones.

De repente, sentí tranquilidad. Se me hizo un nudo en la garganta, pero seguí escribiendo..., para poder recordar, me dije. De repente me di cuenta. Se me dibujó una sonrisa enorme en el rostro. La concentración en mí mismo estaba en juego otra vez —un diablo furtivo—. No fue mi idea. ¿No fue la historia de Annemarie la que me hizo ver la luz?

Mientras estaba sentado en mi celda escribiendo este relato, mis ojos se llenaron de lágrimas nuevamente. Quizá esto podría iluminarle el camino a otra pobre alma que busca una respuesta evasiva en la oscuridad.

Robert C.
Montreal, Quebec

## Bajar la intensidad

Abril de 2022

Recientemente tuve la oportunidad de ser el DJ en una conferencia de AA. Para prepararme, dediqué meses de trabajo intentando perfeccionar al máximo la lista de temas que reproduciría. Estaba muy nervioso y con mucho temor sobre si los asistentes al evento disfrutarían de mi música. Mi ego quería que mis compañeros de AA pensaran que ningún otro DJ jamás antes había animado un baile de AA como lo hice yo. No hace falta decir que Dios tenía otros planes.

La mañana siguiente al baile, que había sido un evento bastante fluido y divertido, oí por casualidad a uno de los asistentes comentar que la música había sido mala. Quedé impactado. Después de meses de arduo trabajo y preparación musical, ¿cómo alguien podía decir que mi música no era buena?

Al tiempo que mi cuerpo temblaba de ira, giré hacia él y fuera de mí le dije: "¿Sabes que yo era el DJ?". Me miró y replicó: "¿Sí? Bueno, la música era una basura".

Me alejé enfadado, el rostro enrojecido y la mente repleta de resentimiento. "¿Quién se creía que era?". Durante las siguientes horas, pasé tiempo en mi habitación consumido por ese resentimiento.

Después de un rato, regresé a la conferencia. Mientras me preparaba para brindar entretenimiento para otra parte de la conferencia, me encontré con un nuevo amigo, Tim, y le expliqué por qué estaba tan enfadado y dolido. "¿No es curioso", dijo, "que anoche lograras hacer que mucha gente baile y lo único en lo que te fijas es en el comentario malicioso de ese tipo?".

Entonces me di cuenta. No solo había sido demasiado egocéntrico al esperar que todos me colmaran de elogios sobre mi habilidad como DJ, sino que tampoco me había dado cuenta de que todo el mundo tiene derecho a su propia opinión. No puedo complacer a todo el mundo.

Incluso en sobriedad, siempre me ha preocupado lo que los demás piensen de mí. Sentía que, si los demás me aprobaban, eso llenaría con sentimientos de orgullo y autoestima el vacío del tamaño de Dios que había dentro de mí. ¡Qué equivocado estaba! No solo que nunca me había detenido a dar las gracias por que me pidieran que amenizara la conferencia o a agradecerle a Dios por mantenerme sobrio para poder ser el DJ del baile, sino que tampoco me había tomado un momento para considerar que cada persona tiene derecho a su propia opinión.

No voy a caerle bien a todo el mundo ni a todo el mundo le va a gustar lo que tengo para ofrecer. Ni siquiera en AA. Lo que importa es que yo me guste lo suficiente como para seguir haciendo mi inventario, asistir a AA, trabajar con un padrino para reducir mis defectos de carácter, dejárselo todo a Dios y ser de máxima utilidad para mis compañeros.

Poco después de este despertar, pude estrechar la mano del hombre que hizo el comentario sobre la música que puse. Unos pocos días más tarde, estoy aquí sentado, agradecido a Dios y a aquel hombre por enseñarme otra hermosa lección. Ruego no solo esforzarme por vivir el lema "Sé sincero contigo mismo", sino también para permitir que los demás hagan lo mismo.

Kiko M.
West Chester, Pennsylvania

## ¿Qué valor tiene?

Abril de 2018

La televisión tiene que estar encendida mientras escribo en mi diario. Ahora que ya no soy fanático del whisky, me he vuelto fanático del programa "Law & Order: Criminal Intent". Pero, sobre todo, necesito la televisión encendida para tener un poco de ruido de fondo.

En un extraño giro de los acontecimientos, un día descubrí que solo hay una hora al mes en la que mi programa de televisión no se emite en ninguno de los 1,000 canales de cable. Así que busqué hacia arriba y hacia abajo en los canales y me topé con un curioso programa, que me atrajo sobre gente que se dedica a comprar unidades de almacenamiento abandonadas por sus propietarios. No logró convertirse en algo que pueda ignorar: me vi arrastrado en el drama de las porquerías que juntamos.

Estos hombres y mujeres gastaban una cantidad considerable de dinero en una variedad de juguetes rotos y antiguas reliquias familiares ocultas en las sombras bajo el polvo de años de almacenamiento.

El momento del descubrimiento queda plasmado cuando el afortunado ganador comienza a inventariar las posesiones y a asignarles un valor. En el mejor de los casos, se trata de una misión de investigación arbitraria y ciertamente dudosa.

"¡Una caja de discos de 45 rpm! ¡Bingo! Fácilmente unos $1,000".

"¿Una raqueta de tenis rota de los años 50? Puedo obtener $50 por ella". "Una rueda de bicicleta oxidada... um... Creo que vale $100".

En varias ocasiones, he considerado al proceso de hacer mi propio inventario del Cuarto Paso como algo parecido a vaciar un auto con payasos en el circo; un inventario de negocios más tradicional o algo intermedio. Ahora también veo que tiene algunas similitudes con este programa de televisión, tan extraño como fascinante, sobre unidades de almacenamiento.

Cada uno de nosotros lleva una carga emocional que ponemos en todo lo que guardamos en ese almacén que tenemos entre una oreja y la otra. Algunas de las mercancías que descubrimos entre nuestra lista de resentimientos, la culpa y la ira son las más obvias. Otras son piezas enterradas desde hace mucho tiempo que descubrimos después de excavar sin miedo y exhaustivamente en la unidad de almacenamiento. Lo más revelador de todo es el valor que le damos a cada una de ellas. Debían significar algo o, de lo contrario, no seguiríamos cargándolas con nosotros, ¿verdad?

En realidad, cuando miramos el inventario y las cosas que descubrimos, la mayor parte entra en la categoría de la raqueta de tenis rota. Nos aferramos a eso, nos aferramos a un resentimiento o a la idea de que aferrarnos a eso de alguna manera hacía que valiera algo. Pero al final no valía la pena aferrarse a ello, malgastando todo ese espacio y esa energía emocional. La culpa y los conflictos mantenidos por largo tiempo no eran una caja de cosas de valor. Bebimos por la chatarra de la vida, el equipo deportivo estropeado y las ruedas de bicicleta oxidadas, que no valían ni un centavo ni un minuto de nuestro tiempo.

Scott S.

Burlington, Wisconsin

# Para valorarte más

Abril de 2021

En mi reunión de mujeres de los lunes por la noche para el estudio de los Pasos, la rutina de nuestro pequeño grupo consiste en recorrer la sala, dándole a cada persona la oportunidad de leer un párrafo, compartir, simplemente presentarse o no participar. Sucedió que, cuando fue mi turno en una reunión reciente, el párrafo que leí trataba sobre el Cuarto Paso de nuestro libro *Doce Pasos y Doce Tradiciones*. El párrafo trata sobre la egolatría y nos insta indirectamente a ser "...un amigo entre amigos, un trabajador entre otros trabajadores...".

En mi ejemplar del libro, esa sección está subrayada y resaltada con varios colores de tinta, lo que revela las numerosas lecturas a lo largo de los años. Incluso hice asteriscos y corchetes para marcar palabras específicas. En el pasado, en algún momento garabateé en la parte superior de la página la frase: "Un amigo entre amigos, un trabajador entre otros trabajadores".

A lo largo de más de 31 años de sobriedad, ese párrafo ha sido uno de los más significativos de toda nuestra literatura para mí. Según lo veo, esas palabras significan que debo ser humilde, que debo aplacar mi ego. No soy la chica más lista de la sala, y debo dejar de actuar como si lo fuera. Debo dejar de juzgar a los demás (y encontrarles defectos de una forma u otra). Como solía decir mi madrina, debo ser "solo una más del montón". En otras palabras, un amigo entre amigos, un trabajador entre trabajadores.

Pero ese día, cuando leí ese párrafo tan poderoso para mí en nuestra reunión, las palabras parecían diferentes. De repente, el significado de esas dos frases cambió para mí.

Ser un amigo entre amigos y un trabajador entre trabajadores no significa que me valore menos que a los demás; significa que te valoro más a ti. No significa que mi autoestima disminuya; significa que aumenta mi estima por ti.

Otra oración del mismo párrafo dice: "Siempre hemos luchado por destacarnos del montón o por escondernos". Eso hacía que pareciera que mi elección era verme en la cima del montón o abajo. Pero al leer esas palabras en la reunión, me di cuenta de que también estaba malinterpretándolas.

Somos "el montón", todos mezclados, cada uno con su valor, su estima y su mérito. En este montón humano, no hay una parte superior o inferior que sea mentalmente saludable para mí. Todo este tiempo he estado intentando determinar en qué "nivel" del montón estoy, cuando podría haber estado disfrutando el milagro de simplemente ser parte del montón.

Al acercarse mi 32.º aniversario en AA, las personas ajenas a la Comunidad en ocasiones me preguntan por qué sigo yendo a "esas reuniones". Sería difícil explicarles, pero al releer este único párrafo, las palabras son claras como el agua: todavía tengo muchísimo que aprender y tanto camino de crecimiento por recorrer.

S. J.
The Woodlands, Texas

# QUINTO PASO

Admitimos ante Dios, ante nosotros mismos, y ante otro ser humano, la naturaleza exacta de nuestros defectos.

*A pesar de la reputación popular de ser boca suelta, la mayoría de los alcohólicos viven (y en ocasiones se mueren) guardando celosamente sus secretos. Revelárselos a un padrino, a un clérigo o a un ser querido es un poco aterrador, pero increíblemente liberador, como lo describen las historias de este capítulo. En "Los secretos que compartimos", Snow P. escribe: "... contarle a otro alcohólico quién eres realmente, qué has hecho, de qué te avergüenzas, de qué te enorgulleces, de qué te arrepientes, por qué necesitas el perdón y qué te atormenta, me liberó de una forma que nada ni nadie más pudo hacerlo".*

# ¡Quítale la tapa!

Mayo de 2014

Como recién llegada, me asustaba la idea de tener que desahogarme ante gente desconocida que me decía que estaba "tan enferma como mis secretos". También escuché decir que no podría mantenerme sobria, a menos que trabajara lo que se llama el Quinto Paso, lo antes posible.

A las personas que habían pasado por esa terrible experiencia no parecía importarles que yo tuviera temor de compartir mi historia. Así que soporté tres años enteros porque no podía confiar ni en las personas ni en el proceso. No sé cómo logré mantenerme sobria durante tanto tiempo. No podía ver que las personas a mi alrededor mejoraban y yo no. Después de un tiempo, se me hizo cada vez más difícil asistir a las reuniones de AA. Me sentía como una botella de refresco a la que habían agitado con fuerza. Mi contenido, que ya estaba bajo presión, estallaría a la primera oportunidad que tuviera de "explotar". Las personas que querían que hablara no tenían la menor idea de lo que me estaban pidiendo.

Sin embargo, yo tenía miedo. Así que, en algún momento, decidí desenroscar el tapón de la botella de refresco y ver si podía liberar algo de gas. Me senté y escribí algunos recuerdos del Cuarto Paso. Al principio era un desorden. Pero había verdad, una novedad para mí. Pronto empecé a escribir, como una loca con el faldón en llamas. Surgieron cosas que pensé que hacía muchísimo se habían perdido para siempre. ¡Seguí adelante, gracias al Poder Superior!

Pronto mi madrina y yo coordinamos una cita para vernos. Le entregué el revoltijo de notas para que antes las mirara y se pudiera preparar para el lío que seguro se produciría cuando quitáramos la tapa de mi botella. Hay que reconocerle que tomó mis notas con seriedad y dijo que marcaría con un círculo las cosas sobre las que quería que habláramos. Su respuesta tranquila fue el primer momento en que pensé que había una posibilidad de que ambas sobreviviéramos a mi Quinto Paso.

Cuando nos conocimos era un día soleado y primaveral. Nos sentamos en un banco de un parque junto al río Delaware. Me preguntaba si podría saltar al río y ahogarme en caso de que las cosas salieran mal, pero ella me aseguró que todo iba a estar bien. Dijimos la oración de la Serenidad, y ella desenroscó un poco la tapa de la botella al sumergirse en mis notas y hacerme preguntas. La experiencia fue intensa. Podríamos haber estado sentadas en un banco de un parque en la luna, no habría hecho la diferencia. Las cosas surgieron sin restricciones. Y lo mejor de todo, es que aprendí que mi botella de refresco tiene fondo.

La otra cosa que aprendí fue que realmente reconocía si estaba diciendo la verdad o diciendo algunas mentiras (algo en lo que siempre había sido buena, ya que me encantaban las buenas historias). Mi madrina me hizo preguntas sobre algunas cosas confusas que dije y, durante aquella larga tarde, me ayudó a aclarar todo. Pronto llegué al fondo de mi botella.

La gratitud por que mi madrina no me abandonara en medio del lío en el que la había metido fue lo único que permaneció de aquella tarde en el banco del parque junto al río. El regalo que me hizo de su tiempo y paciencia, no tiene precio. Dios bendiga a Nancy, mi madrina.

Becky G.
Greater Levittown, Pennsylvania

## Compartir todo

Mayo de 2021

No fui una persona espiritual durante mi infancia; el concepto de Dios era inexistente para mí. Mis padres crecieron en tradiciones religiosas muy diferentes. Me criaron en un estilo de vida no religioso, pero con mente abierta a la espiritualidad.

En mi mente, estaba seguro de que Dios no existía porque, cuando veía personas con discapacidades mentales y físicas, pensaba que esas afecciones eran demasiado injustas para que existiera un Dios.

Cuando llegué a AA, me sentí ofendido por el aspecto espiritual del programa. ¡Solo quería alcanzar la sobriedad! Creo que el principio de mi espiritualidad se dio cuando escuché esas historias inspiradoras y difíciles de creer que me contaron los miembros del personal de mi centro de rehabilitación. Fue entonces cuando me di cuenta de que estaba destinado a estar allí. Sin embargo, ¿quién había decidido que yo estuviera allí?

Luego de mudarme a California para llevar una vida sobria, rápidamente conseguí un padrino y comencé los Pasos porque, cuando estaba sobrio, descubrí que era muy bueno siguiendo instrucciones. Aun así, no creí verdaderamente en un Poder Superior hasta que trabajé el Quinto Paso y compartí la historia de mi vida con mi padrino.

La experiencia espiritual que tuve aquel día es algo que jamás olvidaré. Para entonces, llevaba un par de semanas rezando, si bien no me gustaba hacerlo. Entonces, la mañana del día en que hice mi Quinto Paso, se me ocurrió pedirle a mi Poder Superior que me diera señales de su existencia.

Mi padrino me recogió alrededor del mediodía y fuimos a un parque local donde la gente paseaba a sus perros. Ese hermoso día en el sur de California, nos sentamos en un banco de madera blanqueada por el sol. Durante las siguientes horas, compartí sin miedo mi inventario moral con este hombre al que no conocía muy bien. En ese momento no comprendía la naturaleza de las promesas de los Pasos. Realmente me sorprendía que después me sintiera mágicamente aliviado y perdonado.

Cuando terminamos, mi padrino me dijo que debía ir a meditar durante una hora para reflexionar sobre el trabajo que había hecho hasta entonces y ver si había algo más que necesitara agregar.

Luego de que mi padrino me dejara en casa, volví en bicicleta al mismo parque para meditar. Cuando llegué, vi a otro padrino y a su ahijado haciendo los Pasos sentados en el mismo banco blanqueado por el sol en el que mi padrino y yo nos habíamos sentado antes.

Debían de haber llegado unos minutos después de que nos fuéramos.

Mientras meditaba sobre los acontecimientos del día, me di cuenta de que algo ahí afuera había escuchado mi oración de esa mañana. Empecé a sentirme en paz conmigo mismo y con mi sobriedad, y tuve una sensación de satisfacción, como la de terminar una agradable cena de Acción de Gracias con la familia. Ahora estaba convencido de que mi Poder Superior me estaba cuidando. Y sigue haciéndolo hasta el día de hoy.

Esta experiencia espiritual me enseñó que nunca estoy solo en mi recorrido de la sobriedad. El cambio espiritual es inevitable; aceptarlo es lo mejor que puedo hacer.

Julian S.
Huntington Beach, California

## Un día en el museo

Mayo de 2018

Cuando desperté, era una mañana fría y tormentosa. Ahora era mucho más fácil llevar a mis hijos a la escuela siendo una madre y ama de casa sobria. Por supuesto, cuando estaba borracha, era una tarea casi imposible. Y sin olvidarme de mencionar que vivíamos justo enfrente de la escuela.

Ese día en particular, me tocaba acompañar a los niños en una excursión al Instituto de Arte de Chicago. Ya había visitado el museo antes con mis hijos porque mi madre tenía una membresía vitalicia para que la usara nuestra familia. Pero, durante aquella etapa de alcoholismo, intentar llevar a tres niños de 5 años o menos al museo con una resaca doble era imposible. Una vez que intenté llevarlos, mis hijos tuvieron que levantarme del piso cuando me caí al subir las escaleras del museo.

Unos días antes de la excursión de hoy, había completado mi Quinto Paso con mi madrina. Debo decir que fue una experiencia espiritual. Cuando mi madrina vino a casa esa mañana para trabajar en él, todos mis hijos desaparecieron y se fueron a dormir la siesta. ¡Eso sí que fue un milagro!

Cuando alcancé la sobriedad en 1993, no tenía ayuda para cuidar a mis hijos y los llevaba conmigo a las reuniones de AA para poder asistir a una cada día. Los veteranos de la casa club New Valentine nos acogieron, no solo a mí, sino también a mis hijos. De lunes a viernes, a las 10 a. m., nos sentábamos a una mesa que estaba en el fondo. Ellos pintaban y yo escuchaba. Les compraron libros y lápices para colorear, y uno de los miembros, Gene, siempre tenía algo de cambio extra y me lo daba, diciéndome: "Pasa por la tienda y cómprales algo a los niños". Después de dejar a mis dos hijos más pequeños en la escuela, me reunía con la clase de mi hija mayor y prestaba servicio con los demás padres en la escuela. Y pensé en cómo, cuando bebía, pasaba los días mirando a través de las persianas de nuestra casa, observando a los otros padres y sintiéndome siempre inferior.

Sin embargo, ese día en el museo, tenía un grupo de cinco niñas, todas de aproximadamente 8 años. Mi mayor desafío era no perder a ninguna. Subimos al autobús de Archer Avenue y nos dirigimos al centro de Chicago, a unos 20 minutos de distancia. Era el mismo autobús que me llevó a mi primera reunión de AA.

Cuando subimos al autobús, tuve la abrumadora sensación de estar en un lugar seguro. Fue una especie de momento mágico. Mi Cuarto Paso parecía haberme colocado en una posición neutral. Ya no sentía la necesidad de estar en la cima del montón ni de verme escondida debajo de este.

Mientras miraba alrededor del autobús y mis ojos escaneaban a mis compañeros de viaje, me di cuenta de que todos éramos iguales. En ese momento sentí como si me hubiera unido a la raza humana, que estaba conectada con mis semejantes de un modo que nunca antes había estado. Fue el final del aislamiento y el principio de mi nueva vida. Y, no lo creerían, incluso vi a otro miembro de AA. El Quinto Paso me había permitido sentir la presencia de Dios. Siempre supe que estaba ahí, pero lo había perdido por el camino.

Debo admitir que acompañar a la clase de mi hija fue el comienzo de muchos otros eventos similares en mi sobriedad. Y me alegra decir que ese día no perdí a ninguna niña de mi grupo, ni me caí subiendo o bajando las escaleras del Instituto de Arte.

Diane D.
Chicago, Illinois

## Los secretos que compartimos

Mayo de 2022

Siempre he creído que no importa cómo se trabajen los Pasos, siempre y cuando se completen. El daño cerebral, mi juventud y mi incapacidad para comprender este nuevo lenguaje de sobriedad, junto con mi persistente enfermedad, parecían frustrar todos mis esfuerzos por trabajarlos. Di muchas vueltas, tuve falsos comienzos, tentativas incorrectas, y todos estos esfuerzos fracasaron, pero nunca dejé de intentar completar los Pasos. Con la amabilidad y la paciencia de las personas de AA, perseveré y finalmente completé los Pasos en el transcurso de unos pocos años.

En este preciso momento me encuentro sentada en un hotel de Barcelona reflexionando sobre esto, al mismo tiempo que miro hacia abajo y veo el brazalete de cuentas que me hizo una jovencita que tuve de ahijada. El brazalete sigue brillando, y las alas y la cruz que tiene siguen pareciendo nuevas.

Si bien ahora no me acuerdo el nombre de mi ahijada, recuerdo la lección más importante que aprendí de ella. Recorrimos juntas los primeros cuatro Pasos. Cuando llegamos al Quinto Paso, ella dijo que quería hacerlo con un sacerdote o un ministro. Era la primera vez que oía un pedido así, pero no tuve que pensarlo dos veces para ayudarla a encontrar a alguien. La llevé a una ministra de la que había oído hablar. Se coordinó la cita y completó el Quinto Paso. El resto de los pasos los trabajamos juntas lo mejor que pudimos. No tardó mucho en volver a beber y abandonar AA.

No sé cuál es la forma “correcta” de trabajar los Pasos. Lo que sí sé es que, contarle a otro alcohólico quién eres realmente, qué has hecho, de qué te avergüenzas, de qué te enorgulleces, de qué te arrepientes, por qué necesitas el perdón y qué te atormenta, me liberó de una forma que nada ni nadie más pudo hacerlo.

AA nos pone a todos en un mismo nivel. Cuando trabajas los Pasos en AA, te conviertes en un miembro de lo que yo llamo un "ejército del amor", y eso significa que puedes ayudar a otro alcohólico cuando nadie más puede hacerlo, ni siquiera alguien de la vida "real" que te conozca bien y te ve todo el tiempo. En la Comunidad de AA, podemos compartir la historia de lo que hemos hecho y cómo lo hemos hecho, y eso no es algo que necesariamente podamos compartir con otras personas en una iglesia. Esa es mi experiencia personal al trabajar con ahijados.

Una de mis hermosas ahijadas de quien fui madrina durante años y con quien trabajé los Pasos, decidió contarme un secreto en su lecho de muerte. Era algo que no había mencionado en el Quinto Paso que había hecho conmigo. Con la gracia de Dios, pude decirle que me había pasado lo mismo, y que solo mi madrina sabía lo que yo había hecho a través de mi propio Quinto Paso. Ambas lloramos y dijo que sentía una paz indescriptible. Murió en sobriedad, con el alma en paz y un destello radiante en sus ojos azules.

Hay algo muy sagrado en compartir nuestro Quinto Paso. Sigo creyendo que cualquier forma de comenzar es buena, pero en definitiva, la forma en que lo hacían los miembros hace más de 80 años parece ser la mejor.

Hoy me subo a un barco con otros 70 alcohólicos en recuperación para navegar por el Mediterráneo. Porque, al día de hoy, todos hemos completado nuestros pasos de una manera que nos permite sentir suficiente gratitud y alegría para disfrutar de nuestra propia vida, y de la de los demás, y viajar por el mundo con total libertad. ¿No les parece increíble?

Snow P.
Boca Raton, Florida

# Se hizo humo

Mayo de 2013

Nunca he podido entender realmente la diferencia entre la honestidad normal y la rigurosa honestidad; sin embargo, estoy bastante seguro de que tiene algo que ver con el grado de divulgación. Recientemente completé mi Cuarto y Quinto Paso con mi nuevo padrino, un hombre en quien he depositado la confianza suficiente como para revelarle mis secretos más profundos y oscuros. Larry es un veterano de AA muy "práctico", que les exige a sus ahijados que hagan las cosas a su manera.

Una de las primeras cosas que me dijo fue: "Pat, ya hace un tiempo que vienes intentando hacer las cosas a tu manera, ¿y qué has conseguido? ¿Por qué no pruebas a hacer las cosas a mi manera solo por esta vez y ves qué pasa?".

No podía discutir su razonamiento en absoluto, porque llevaba 40 años entrando y saliendo de AA y todavía estaba intentando conseguir una "sobriedad duradera". Mi problema principal era que nunca había tenido un padrino en el que confiara plenamente, por lo tanto jamás había trabajado un Cuarto y Quinto Paso minucioso y sin miedo. El desafío de desnudar mi alma completamente ante Dios y otro ser humano y revelar la naturaleza exacta de mis errores iba a requerir el tipo de rigurosa honestidad que nunca antes había tenido el valor de intentar.

Creo que Dios puso a Larry en mi vida por un motivo, porque sabía que podía confiar en él y que no se sorprendería ni me juzgaría por ningún aspecto de mi pasado. Una vez que me comprometí a ser rigurosamente honesto, me sorprendió lo rápido y fácil que fue el trabajo. Cuando hicimos el Quinto Paso, tuve la clara percepción de que Dios estaba allí mismo, en la habitación con nosotros. También sentí una maravillosa sensación de amor y perdón.

Cuando me desperté a la mañana siguiente, sentí que faltaba algo. De repente me di cuenta de que todo el estrés, la ansiedad y la culpa con los que había vivido durante tanto tiempo habían desaparecido.

Alquilo una casa en las afueras de la ciudad y detrás hay una calle pavimentada de unos 800 metros que no lleva a ninguna parte. Hacía mucho tiempo, alguien tenía previsto urbanizar la propiedad, pero por alguna razón nunca lo hizo. Ahí es donde voy a hacer ejercicio, a rezar y a escuchar música con mis auriculares. Es perfecto para eso porque nunca hay tráfico ni distracciones, solo la hermosa flora y fauna del sur de Louisiana.

La mañana después de mi Quinto Paso, reuní los papeles de mi Cuarto Paso, mi primer intento de ser completamente honesto. Los llevé a donde termina la calle que no va a ninguna parte, los arrugué y les prendí fuego. Mientras veía el humo que se elevaba del charco de barro que contenía la esencia putrefacta de mi vida pasada, sentí la presencia de Dios sonriéndome desde el hermoso cielo azul de Louisiana. Sin duda, sabía que Dios estaba llenando ese vacío dentro de mí con amor y perdón, y con la fortaleza y el deseo de ayudar a los demás. Entonces me di la vuelta y volví por ese camino hacia casa, convertido en un hombre nuevo.

Patrick K.
Baton Rouge, Louisiana

## Solo escuchando

Mayo de 2017

Esta mañana me levanté de la cama y me arrodillé. Le pregunté a mi Dios, según yo lo concebía, cuál era su voluntad para mí. Pensé en el día que tenía por delante. Esta noche haría algo que nunca había hecho antes. Escucharía el Quinto Paso de otra mujer. Esta mujer era una persona a la que jamás había conocido. En la actualidad se encontraba en un centro de tratamiento para alcohólicos.

Recé por ella. Le pedí a Dios que me llenara de su amor y me permitiera ser un canal de su amor. Le pedí que ella tuviera el valor de decir lo que necesitaba expresar. A lo largo del día, elevé la oración del Quinto Paso. Quisiera poder transmitir el amor de Dios. Por lo que he visto y sentido, no tengo ninguna duda de su amor. Incluso cuando creo que no lo siento en absoluto, aún sé que está ahí.

Varias veces le pedí a Dios que me permitiera darle a ella una idea de la belleza y la profundidad de su amor. Me doy cuenta de que, en realidad, no conozco la amplitud y la profundidad del amor de Dios. Pero sé que es enorme.

Cuando conocí a la mujer para trabajar su Quinto Paso, de inmediato me cayó bien. Pude ver que su rostro reflejaba valentía. Esa expresión de "superar las cosas con fortaleza". Me vi reflejada en su rostro.

Comenzamos con una oración. Empecé agradeciéndole a Dios por amarnos tanto. Definitivamente Dios estaba presente. Cuando llegó al momento de su historia en el que su vida se descarrió seriamente, pensé que no podía identificarme con ella. Mi vida no se parecía en nada a la suya. Empecé a rezar para mi interior. Le dije a Dios que no podía identificarme con ella. No sabía qué decir. En silencio le pedí que me ayudara a ayudarla, que pusiera las palabras justas en mi boca, los pensamientos pertinentes en mi mente.

Lo que me vino a la mente de inmediato fue... "Espera..., solo escucha... Déjala hacer esto..., cálmate... Solo escucha". Y eso fue lo que hice.

Pronto me di cuenta de que su dolor era el mismo que el mío. Nuestro dolor había sido provocado por circunstancias ligeramente diferentes. Sacando los detalles, éramos iguales. La traición, el abuso, la negligencia, el abandono —lo mismo—. La determinación, la búsqueda, los fracasos —lo mismo—. La ira, el resentimiento, las represalias, la confusión, los errores, las malas decisiones, las esperanzas perdidas, los sueños perdidos, las causas perdidas, intentando salir adelante en un mundo que se ha vuelto terriblemente malo —todo lo mismo—. Mi dolor no era único.

Para mí, esto fue enorme. Nos identificamos mutuamente. Éramos humanas. No éramos personas separadas; nos volvimos más cercanas. Eso me concedió la gracia y el perdón. Me concedió la misericordia y la compasión. Me ayudó a ser yo misma y a dejarla ser ella misma. Pude ver que ambas solo intentábamos salir adelante lo mejor que podíamos.

Cuando la mujer finalizó su historia, hablé un poco sobre mi vida y mis propias experiencias. Ella vio que teníamos cosas en común. Pude observar su alivio. Pude ver cómo se relajaba. Ambas sabíamos que no estábamos solas. Si fuera posible que una persona le transmitiera a otra el amor de Dios, entonces aquella noche se me permitió hacerlo. Era una alcohólica conectándose con otra.

Cuando me despedí de ella, le dije: "Ha sido una muy buena noche". Se volvió hacia mí, me miró, sonrió y afirmó: "Sí, lo ha sido".

No sé si podrá mantener la sobriedad. No depende de mí. Pero sé que esta noche vio un atisbo de una vida diferente y que todo ha ocurrido exactamente como debía. Tanto para ella como para mí.

Kathryn W.
Chancellor, Alabama

# SEXTO PASO

Estuvimos enteramente dispuestos a dejar que Dios nos liberase de nuestros defectos.

*Pedirle a un Poder Superior que elimine nuestros "defectos" (como el miedo excesivo, la ira, el orgullo, el juicio o la indulgencia excesiva en otras áreas que no sea el alcohol) que descubrimos en el Cuarto Paso es una parte importante del proceso y, como escribe Nicholas L. en su historia "PRO-CRAS-TI-NA-CIÓN", debe ir precedido de estar "enteramente dispuestos a cambiar y crecer". Como pueden atestiguar los autores que se incluyen en este capítulo, el Sexto Paso es el comienzo para abandonar conductas que alguna vez consideramos necesarias para la protección e, incluso, la supervivencia; sin embargo, de hecho inhiben nuestra felicidad a medida que avanzamos más profundamente en la sobriedad.*

# Soltar

Junio de 2017

Durante mucho tiempo pensé que el Sexto Paso significaba no hacer nada, solo esperar y estar dispuesto. Me preguntaba por qué tenía que ser un Paso separado. ¿Por qué no pasar directamente al Séptimo Paso y pedir?

Pero un día, durante mi meditación matutina, me sentí invadido por uno de mis defectos y me di cuenta de que en el Sexto Paso hay una acción que llevar a cabo. Estar enteramente dispuesto significa soltar. Esa es mi parte. Si lo reconozco, justo cuando una actitud, una acción o un pensamiento malo está a mitad de camino, puedo detenerlo en ese mismo momento, sin concretarlo, sin darme esa satisfacción. Y es probable que deba hacerlo una y otra vez. Quizá tenga que hacerlo porque ciertos defectos son, de un modo extraño, cómodos, familiares, e incluso placenteros.

Tal vez sea solo yo quien alimenta algunos de mis defectos, pero no lo creo, por lo que he oído en mis reuniones de AA. Parece que todos lo hacemos. ¿No hay una canción que se llama "Duele tan bien"? A eso me refiero.

Sin embargo, cuando se trata de mí, de alguna forma mi defecto siempre parece tan comprensible, absolutamente justificado: no le importo a nadie. Lastiman mis sentimientos. Pobrecita. ¿Por qué siempre me pasa esto? ¿Por qué siempre me hacen esto?

Como escuché decir una vez en un retiro de recuperación: la forma de lidiar con un defecto cuando me obsesiono con este, es intervenir y decir "¡Basta!". Simplemente detenerse y soltar. Claro que es más fácil decirlo que hacerlo.

En ocasiones, pienso que soltar es como dejar que un globo colorido se vaya al cielo. Al igual que un niño, no quiero perderlo; tengo la cuerda fuertemente atada al dedo. Pero si quiero ser libre, debo dejar que esa cosa tan preciada flote hacia el cielo. Parece tan liviano a medida que sube flotando; sin embargo, en realidad es como un arnés pesado colgando de mi cuello, que me mantiene atada a viejas costumbres que ya no sirven. De hecho, se siente mucho mejor cuando desaparece.

Y aquí es donde intento hacer mi parte. Si puedo, me digo “Basta. Suéltalo.”, a mitad de lo que esté haciendo. Abandona ese pensamiento o deja de hablar de esa persona por enésima vez. Deja de hundirte. Luego le pido a mi Poder Superior que me ayude.

No puedo decir que lo haga a la perfección. Pero, al igual que el resto de nosotros, sigo intentándolo.

Lynne D.
Carbondale, Illinois

## Pecados capitales

Junio de 2022

En nuestra literatura se mencionan los siete pecados capitales: la soberbia, la avaricia, la lujuria, la ira, la gula, la envidia y la pereza. Esta lista me ha sido de gran ayuda, ya que he tenido que lidiar repetidamente con mi pasado mientras trabajaba mis Pasos. Cada pecado me ha servido como una guía conveniente durante mi búsqueda de las actividades pasadas que se remontan a mis años de escuela secundaria. En retrospectiva, veo que era un chico bastante normal... hasta que empecé a beber alcohol.

La primera vez que bebí, fue solo un sorbo de una lata de cerveza que me ofreció un familiar mayor mientras estábamos estacionados frente a una tienda que vendía televisores. Éramos pobres y aún no habíamos comprado un televisor. Sí, eso fue hace bastantes años. Esa pequeña cantidad de alcohol me hizo sentir emocionado y me empezó a picar la nariz. Recuerdo que cuando llegamos a casa, tomé un espejo para mirarme la nariz. El espejo se me cayó y se rompió. Quizá fue un mal presagio de mi futuro como bebedor.

El orgullo que sentía por mi habilidad para conseguir bebidas gratis de otros estudiantes pronto se convirtió en avaricia por tener más de lo que me correspondía. De vez en cuando le dábamos unos cuantos dólares a alguien en la sala de billar local para que nos comprara alcohol. Yo trabajaba medio tiempo cargándole combustible a los autos, y ese empleo me daba la posibilidad de sacar gasolina de las mangueras entre un cliente y otro. Usábamos esa gasolina para pasear en auto. Y mientras recorríamos los caminos de tierra rurales, robábamos gasolina de los tractores que quedaban estacionados en los campos. De vez en cuando, se sumaba a nuestra aventura algún toro bravo.

Sucedió un hecho en aquellos días que me asusta cada vez que lo recuerdo. Los "pensamientos compulsivos que derivaban en la bebida" me habían llevado a justificar el robo si el objeto del robo era algo que, según mi opinión, el propietario tenía en abundancia, no necesitaba o no usaba. Una noche tenía mi auto en el taller mecánico, así que junto con cuatro amigos condujimos un auto prestado por una autopista muy transitada a 130 km/h. Todos estábamos bebiendo. Mis amigos se turnaban para apuntar una escopeta vieja calibre 16 a través de la ventanilla hacia otros autos y jalar el gatillo.

Habíamos encontrado la escopeta antes en una vieja granja abandonada. Tenía un cartucho corroído adentro y parecía que ya se había usado, pero no pudimos sacarlo del cañón. Habíamos jalado el gatillo una docena de veces para asegurarnos de que ya se había descargado. Mientras conducíamos y bebíamos más, alguien apuntó el cañón del arma al piso debajo de mi asiento. Entonces el arma se disparó. ¡El ruido fuerte fue aterrador! Y darnos cuenta de lo que podríamos haber provocado fue aterrador. El auto era nuevo y tenía el piso cubierto con una alfombra afelpada. Ahora la alfombra tenía un gran agujero. Antes de devolver el auto al concesionario usamos nuestros peines de bolsillo para disimular el agujero.

No estoy orgulloso de lo que sucedió en aquellos primeros días de mi alcoholismo. Tampoco estoy orgulloso de los otros "pecados capitales" en los que me involucré durante más de 30 años de alcoholismo activo. No obstante, me siento muy orgulloso de mis 28 años como miembro de AA y de mi participación en el servicio de AA.

Por momentos, todavía me impulsa mi indulgencia hacia la avaricia. En ocasiones, llego temprano a las reuniones, antes de que se coman todas las donas de la reunión anterior. Y es posible que sienta cierta ira cuando no puedo saciar mi gula por el café de AA. Una de las razones por las que bebía tanto en el pasado era la envidia y, con el correr del tiempo, ha sido reemplazada por la sensación de gratitud que me brinda la paz mental que tengo ahora.

¿Y la pereza? Pensaré sobre eso luego de mi siesta de sobriedad.

Glenn P.
Florissant, Missouri

## ¿Defectos? ¿Qué defectos?

Junio de 2016

Recuerdo haber entrado a una reunión de AA en el Tri-County Center hace casi dos años. Me dije a mí mismo: "Yo no soy como estas personas. Yo no tengo ningún problema". Estaba asustado y me sentía mental y físicamente agotado después de haber salido de una clínica de desintoxicación. Entré silenciosamente a la sala de reuniones.

Cerca de la silla en la que me senté estaban colgados los que ahora sé que son los Doce Pasos. Los leí y pensé que ya había trabajado al menos ocho de los Pasos. Supuse que los demás no serían tan difíciles. Sabía, si me esforzaba, que podría completarlos fácilmente en unos pocos días. Pensé que habría algunos Pasos que podría evitar o ignorar. Leí el Sexto Paso: "Estuvimos enteramente dispuestos a dejar que Dios nos liberase de nuestros defectos".

¿Qué defectos? Pensé. Soy perfecto y es imposible que tenga algún defecto. Incluso si tuviera defectos, eliminar todos me transformaría en una persona aburrida y para nada divertida con quien estar. No me daba cuenta de que nadie quería estar conmigo porque mi forma de beber le había causado mucho dolor a los demás. Mi comportamiento hacía que nadie respondiera mis llamadas telefónicas. Cuando golpeaba a las puertas, nunca se abrían. La vida se había vuelto insoportable, no solo para mí, sino también para aquellas personas a quienes consideraba mis amigos. Mis defectos se habían convertido en mis valores positivos. La manipulación, la mentira y el engaño eran solo los tres primeros defectos de mi larga lista.

Después de completar mi Quinto Paso con mi padrino, me pidieron que hiciera una lista de mis defectos. Me dijeron que los ordenara de mayor a menor según la frecuencia con la que los usaba. Hasta entonces, no me había dado cuenta de que también había estado usando esos defectos en mi contra. Manipulaba mis pensamientos para adaptarlos a cualquier circunstancia con el fin de engañar a mi propia mente. Me mentí a mí mismo sobre lo que creí que era correcto.

Llegué a muchas conclusiones al trabajar los Pasos. Por ejemplo, el Sexto Paso no se trata de transformarme en un robot. No tengo que hacer todo bien. Solo tengo que cambiar mi forma de pensar y permitirme pedirle a mi Poder Superior que me guíe durante el día. Quiero que este Poder Superior me permita tomar las decisiones correctas.

Ahora descubrí que las tareas más insignificantes, aquellas que solían confundirme, se podían concretar fácilmente solo con pedirlo. El Sexto Paso no se trata de hacer un sacrificio de sangre o de anunciar mis defectos por el parlante del centro comercial, sino de pedir ayuda de manera silenciosa y sincera. Debo ser sumiso al pedir un cambio, en lugar de comportarme como un narcisista dominante y autoritario que intenta controlar cada pensamiento y acción.

Cuando me enfrento a obstáculos que parecen desconcertarme, pido ayuda, y esos defectos de carácter pronto se atenúan, si estoy dispuesto. Esta oración me ayuda: "Dios, gracias por eliminar mi miedo y por mostrarme la verdad sobre mí mismo. Necesito tu ayuda para estar dispuesto a soltar aquellas cosas en mí que continúan apartándome de ti. Por favor, concédeme tu gracia y haz que esté dispuesto a eliminar estas características, defectos y fallas".

Anónimo

# PRO-CRAS-TI-NA-CIÓN

Junio de 2021

Esta mañana me senté en mi escritorio, que está inundado de papeles acumulados en montones desde hace más de dos años, cuando mi exesposa dejó de ocuparse de mi papeleo. Mirando la pila, pensé en uno de mis defectos de carácter más notorios: la procrastinación. Algunas personas dicen que es una palabra de cinco sílabas para referirse a la pereza.

La procrastinación me impide limpiar mi escritorio y me impide hacer todo lo que debo para mejorar la rentabilidad de mi pequeña empresa y restaurar el estado financiero afectado. Gracias a AA, este tipo de pensamiento quedó almacenado en mi mente solo por unos 15 segundos. Entonces recordé que en los cuatro años y cuatro meses que llevo en el programa, he aplicado con éxito los Pasos y he seguido los consejos de nuestro Libro Grande.

Cada una de las cuatro veces que he trabajado los Pasos, he recibido el obsequio de que se me haya eliminado uno de mis defectos de carácter más graves, en particular uno que me hace daño, como el miedo. Algunos de ellos eran defectos que durante la mayor parte de mi vida no había podido controlar. Cada uno de estos defectos se abordó en el orden que mi salud mental y física —no así mis finanzas— necesitaba en aquel momento. Mi adicción al alcohol y a otras drogas desapareció, mi dependencia de otras personas para validar mi autoestima desapareció, los problemas que tenía con muchas de mis relaciones desaparecieron y los problemas con la comida están en proceso de desaparecer.

Una tras otra han desaparecido las conductas que más daño me hacían. Y cada vez que trabajé los Pasos, me dispuse enteramente a cambiar y a crecer. Y cada vez obtenía la ayuda del Poder Superior amoroso que conocí a través de AA.

Recuerdo que cuando recibí mi ficha de un mes de sobriedad, dije: "Siento que es la primera vez que realmente me he ganado algo". Mis padres me dotaron de muchas cosas, tanto materiales como genéticas, pero este alivio de mis defectos de carácter se debió exclusivamente a mi propio esfuerzo con los Pasos.

Cuando esta mañana pensaba por qué aún no se había eliminado mi defecto de la pereza, me di cuenta de que sigue conmigo porque puedo funcionar a pesar de ello. Mi empresa todavía sigue en actividad; tengo cuatro o cinco empleados felices que disfrutan venir a trabajar y que pueden mantener a sus familias, tengo suficiente para comer y un lugar donde dormir, y tengo amigos.

Dado que aún no he comenzado mi última ronda de trabajo con los Pasos para abordar mi impotencia ante esta pereza, tengo fe en que, cuando lo haga, tendré muchas posibilidades de liberarme de ella. Lo sé porque los Pasos siempre me han funcionado.

En las miles de reuniones de AA a las que he asistido, aún no he oído a nadie quejarse por haber intentado seguir el programa sin miedo y minuciosamente, solo para descubrir que no funcionaba.

Esta mañana, mientras decía mis oraciones y meditaba, le agradecí a Dios por los defectos de los que ya me he liberado. Le di gracias a Dios por no agitar una varita mágica y eliminar todo de golpe, sino por permitirme sentir que realmente estoy trabajando para contribuir con un cambio positivo en mi vida a través del desarrollo espiritual.

Mi Poder Superior me ha concedido la paciencia para saborear cada regalo que ya he recibido. También tengo la serenidad para esperar que el resto de las Promesas se concreten —algunas veces rápidamente, otras lentamente— si me esfuerzo para eso. Soy absolutamente afortunado.

Nicholas L.
Paris

# La moderación del rostro

Junio de 2020

La primera vez que leí el Libro Grande, lo único que entendí fue que necesitaba sacar "cosas" de mi cabeza escribiéndolas. Bill dijo que escribamos esto "en un papel". Así que empecé a escribir. Debería haber pedido ayuda. No recomendaría la forma en que lo hice.

Le escribí cartas a todos los miembros de mi familia acerca de mi alcoholismo. También mencioné que estaba saliendo con una persona drogadicta en recuperación. Esto fue en los años previos al correo electrónico y los mensajes de texto. Hice copias de esta carta de varias páginas y las envié por correo. Se suponía que era mi carta de disculpa —eso se suponía—. Repito: debería haber pedido ayuda.

Lo que pasó fue que esta carta solo causó más daño a mis seres queridos. Si hubiese podido pulsar el botón "Este mensaje se autodestruirá" antes de que la leyeran, lo hubiera hecho. En cuanto eché las cartas al buzón, supe que no debería haberlas enviado.

Con el tiempo, he aprendido a pedir ayuda, a repasar con mi madrina las ideas sobre cómo hacer reparaciones y a comunicarme con los demás antes de actuar. Antes de AA, tenía amplios antecedentes de enviar cartas terriblemente destructivas. Incluso una vez, les envié a todas las mujeres de mi familia una copia de la misma carta donde les decía que eran egoístas, interesadas y arrogantes.

Es curioso, porque exactamente así era yo, no ellas. Hasta que hice mi trabajo de los Pasos no supe que estaba proyectando todas las cosas enfermizas que había en mi interior en todas las mujeres que había en mi vida.

Me pasaba lo mismo con la lengua. Antes de AA y durante los primeros años de recuperación, solía menospreciar verbalmente a las personas. Siempre tenía que tener la última palabra y no dejaba de insistir en un tema hasta que la otra persona lo entendía (en otras palabras... hasta que me salía con la mía).

En mi aniversario 18 de sobriedad, una mujer de mi grupo base me dijo: "Déjalos en paz hasta que puedas dejarlos en paz". ¿Qué significaba? Me llevó casi dos décadas de recuperación aprender a mantener la boca cerrada.

Agradezco haber aprendido a discernir cuando se trata de mi forma de escribir y de hablar. Nadie necesita leer o escuchar los pensamientos que no dejan de dar vueltas en mi mente, excepto Dios y una madrina de confianza. Solo entonces, luego de recibir el asesoramiento y la orientación de los consejeros de confianza, puedo compartir lo que pienso o hacer reparaciones sin herir a nadie.

En los últimos diez años, he aprendido que también debo tener moderación con mi rostro. Aprendí que mis expresiones faciales pueden herir a los demás. Mucho después de mi adolescencia, finalmente aprendí que revolear los ojos, suspirar, mirar de reojo, inclinar la cabeza y refunfuñar puede herir a las personas.

Cuando hablé con mi hija sobre esta nueva conciencia, me preguntó: "¿Se supone que debes ocultar o mentir sobre tus sentimientos y no expresarlos?".

"No", le respondí. "No se trata de mentir, de no expresarlos o de ocultarlos. Sino de discernir, de prestarle atención a mi rostro".

No todo el mundo en una reunión de AA o en público necesita saber que estoy aburrida, insatisfecha, agotada, enfadada, frustrada, contrariada o que llegué tarde. Una vez, por la expresión de mi rostro y sin que yo fuera consciente de ello, le di a entender a una recién llegada que me aburría lo que estaba diciendo. ¡Era verdad! Me aburría y la recién llegada me preguntó al respecto. Si no me hubiera confrontado, jamás hubiera sabido que se había dado cuenta.

Esa confrontación despertó en mí la curiosidad de comprender mi rostro y lo que expresaba. Cuando hablé sobre esto con amigos de confianza de AA, estuvieron de acuerdo con la recién llegada. Dijeron que a veces asustaba a la gente. ¡Guau! Quedé impactada. Fue como ir descubriendo partes ocultas de mí misma.

Le agradezco a Dios por tener ahora la experiencia, la fortaleza y la esperanza para abordar mis problemas con la expresión de mi rostro.

Cuando tengo ahijados que hacen lo que yo solía hacer, hablo con ellos al respecto. Muchas veces se sorprenden tanto como yo.

Una de mis ahijadas dijo: "Tengo cara de c__. Así es mi cara. Y no tengo problema con eso". No estaba segura de cómo debía responder a eso y le dije: "Entre nosotras, supe por amigos de confianza del programa que los recién llegados no se me acercaban porque me tenían miedo. Eso significa que mi rostro no me permitía hacer el trabajo del Duodécimo Paso. Si no hacemos el trabajo del Duodécimo Paso, morimos, porque la fe sin obras es fe muerta".

Me miró y dijo: "Es mi forma de mantener a la gente alejada". Eso era algo que yo podía entender, y estuvimos de acuerdo que teníamos que hacer un trabajo de Pasos en relación con este tema.

Gracias a Dios por estos Pasos. Esta ahijada ya no tiene "cara de c__". Debemos trabajar estos Pasos en todos nuestros asuntos, incluso lo que hacemos con nuestras caras, seamos conscientes de ello o no.

Anónimo
Milledgeville, Georgia

## A salvo y a flote

Junio de 2019

He pasado la mayor parte de mi vida en el agua, o cerca de ella, donde con frecuencia veo esos pequeños botes de aluminio. Veo uno con cientos de diminutas perforaciones en el casco. Un hombre está pescando y, de vez en cuando, se detiene para sacar el agua acumulada en la sentina del bote. A medida que aparecen agujeros nuevos, el hombre pasa más tiempo sacando el agua que pescando. Para mí, esos agujeros son como mis defectos de carácter y el agua de la sentina, mis defectos. Mi vigilancia hoy se centra en los problemas cotidianos de mi vida y en mis motivos para afrontarlos. Puedo estar dispuesto a tapar esos pequeños agujeros, uno por uno, a medida que los voy descubriendo, o puedo pasar el resto de mi vida sacando el agua y arriesgarme a hundirme por completo.

Hoy, gracias a AA, mi bote está a salvo y a flote, la pesca es estupenda, al igual que la vida.

Rick R.
Poway, California

# SÉPTIMO PASO

Humildemente le pedimos que nos liberase de nuestros defectos.

*En ocasiones, la ira se exacerba en un embotellamiento de tránsito o el miedo y el resentimiento afloran en el trabajo debido a un comentario casual del jefe. Reconocer la responsabilidad que uno tiene en cualquier situación —como lo hace April P. en "La exsuegra"—, permite comprender que los demás son "tan humanos como yo". ¡Qué alivio, ya que la ira y el miedo son cargas muy pesadas de llevar! En "Una noche en el patio de la iglesia", Dana F. cuenta que: "He trabajado el Séptimo Paso más de una vez, y cada vez que lo hago [...] encuentro formas nuevas, sobrias y considerables de comportarme que me permiten avanzar gradualmente cada día". John P., en "Hablando de humildad", recuerda cómo un hecho en una reunión le abrió los ojos. "Podía explicar la humildad, pero en realidad no la estaba viviendo", escribe, y agrega que la reunión "me obligó a trabajar en mi condición espiritual, a mejorar la forma en que controlo mis defectos y a recordar que debo pedir la ayuda de Dios para eliminarlos".*

# Una noche en el patio de la iglesia

Julio de 2014

No tenía idea de que el 21 de enero de 1999 mi vida iba a cambiar para siempre. Tenía apenas 15 años y me aterrorizaba la posibilidad de morir de una horrible muerte alcohólica. Había estado yendo a AA y siguiendo sus consejos, pero mi deseo de beber era más fuerte que mi deseo de mantenerme sobria. Les había prometido a mis padres tantas noches que dejaría de beber, pero me emborrachaba a pesar de mis mejores intenciones.

Sin embargo, el 20 de enero me emborraché por última vez, o al menos eso espero. Lloré mientras le confesaba mi recaída a mi familia y a mis compañeros del grupo de terapia. Luego corrí a una reunión de AA y, mientras estaba allí sentada aquel día, sentí que la gracia de un Poder Superior ingresaba en mi espíritu. Decidí creer porque quería tener fe en que esta solución podría funcionar para mí.

Entonces, ¿por qué seguía emborrachándome si asistía a las reuniones, rezaba y llamaba a otras mujeres del programa? ¿Por qué no tenía defensas después de meses en AA? Los miembros de mi grupo base me habían advertido sobre "las personas, los lugares y las cosas", pero ellos no sabían lo que era intentar cambiar a todos tus amigos cuando eres estudiante de primer año de secundaria. Pero, finalmente me di cuenta de que tenían razón y comencé a escuchar.

Empecé a asistir a 90 reuniones en 90 días y recorrí todo Nueva York con mi grupo base para cumplir con mis compromisos externos. Además, empecé a trabajar los Pasos según se describen en el Libro Grande. Mi madrina, Amy, tenía la misma edad que mi madre, pero yo respetaba su programa. En las reuniones de los jóvenes, era más fácil centrar la atención en los chicos, fumar sin parar (porque todavía se podía fumar en las reuniones) o pensar en la próxima fiesta, por lo tanto en mi vida necesitaba la estabilidad de los veteranos. Gradualmente las cosas empezaron a mejorar. Pero no fue hasta que llegué al Séptimo Paso que realmente empecé a ver y sentir un cambio. Aún considero que el Séptimo Paso es mi favorito.

Cuando trabajé el Quinto Paso con Amy, pudimos identificar mis patrones y conductas. Hicimos una lista de mis defectos y me fui a casa. Me senté en silencio durante una hora para asegurarme de que estaba dispuesta a seguir adelante. Mi madrina sentía que yo seguía aferrada a ciertas conductas y me dijo que trabajara el Sexto y el Séptimo Paso por un tiempo. Finalmente, el dolor de estar "enteramente dispuesta" se volvió insoportable. Ella tenía razón. No quería dejar de robar. No quería dejar de tener sexo casual con cualquiera. No quería empezar a asistir a todas mis clases. Para ser franca, algunos de mis defectos aún se sentían bien. ¡Y, desde luego, no quería tener que empezar a pagar por las cosas! Hacer cambios me daba miedo y era difícil. Me resistía al intento de iniciar una vida diferente. No tenía ni idea de cómo ni por dónde empezar.

Durante las siguientes semanas, me comporté según mis defectos de carácter. Y, mientras lo hacía, era dolorosamente consciente de ello. Cuando robaba algo, sabía que estaba mal y me sentía culpable. Luego de los encuentros casuales con chicos sentía arrepentimiento y empecé a darme cuenta cuando me trataban mal. Cuando me peleaba y maldecía a mis padres, sentía remordimiento y veía cómo mis acciones herían a quienes me rodeaban. Mientras estaba en el Sexto Paso, toqué fondo de nuevo, pero esta vez era en sobriedad. Sentía que si no hacía exactamente lo que mi madrina me pedía, seguramente volvería a beber.

Un miércoles por la noche, en el grupo Leonard Park, me senté afuera, en el patio de juegos de la iglesia, y lloré y lloré. Empecé a rezar. Me levanté, llamé a mi madrina y le dije que estaba lista para que un Poder Superior eliminara todos esos defectos de carácter. Al igual que con el Primer Paso, mi rendición debía ser completa si quería continuar en AA. Una vez más, decidí creer que las personas que estaban en las salas tenían una solución que podría funcionar para mí. Mi madrina y yo elaboramos una lista de conductas y características alternativas que podía poner en práctica en lugar de recurrir a mis hábitos autodestructivos.

Los efectos que sentí fueron inmediatos; y esto es lo que me encanta del Séptimo Paso. Realmente podía ver qué estaba cambiando en mí. Durante meses, la gente de AA me decía que tenía mejor aspecto y que se me escuchaba mejor; sin embargo, realmente yo no me sentía para nada mejor. Una vez que empecé a cambiar la forma de comportarme, mi crecimiento se hizo visible. Me sentía diferente. Me sentía sobria.

Quiero aclarar algo: no trabajé el Séptimo Paso y, milagrosamente, me convertí en una persona mejor. He luchado con diferentes encarnaciones de los mismos defectos de carácter durante toda mi sobriedad. Sin embargo, desde aquel miércoles en la noche hace mucho tiempo, creo que he seguido todas y cada una de las sugerencias que me ha hecho mi madrina. En ocasiones grito y pataleo, pero hago lo que me piden porque sé que estas mujeres se preocupan por mí. He trabajado el Séptimo Paso más de una vez y, cada vez que lo hago, siento la libertad de renunciar a estos defectos. Encuentro formas nuevas, sobrias y considerables de comportarme que me permiten avanzar gradualmente cada día.

Hoy es mi aniversario de sobriedad, y es un alivio reflexionar sobre estos últimos 15 años y celebrar todos los cambios. Ya no soy esa chica que llegó aquí. Soy una mujer joven, llena de esperanza, que me esfuerzo por llevar esa luz al mundo que me rodea.

Dana F.
Warren, Rhode Island

## Una paz interior poco familiar

Julio de 2022

Cuando logré la sobriedad esta última vez, mi padrino original trabajó conmigo en el Séptimo Paso. Él y otros miembros de mi grupo base hablaron sobre hacer favores, ayudar a los demás y que nadie lo supiera. Nos dijeron que hacer lo correcto y no atribuirse o recibir crédito por ello era una buena práctica hacia la humildad, una característica clave del Paso.

Si bien en el Libro Grande no se expresa de ese modo, hablamos de que los defectos de carácter son aquellas cosas que hacemos y que no deberíamos hacer. Y el Séptimo Paso trata de hacer aquellas cosas que deberíamos hacer y no hacemos. Para mí, engañar, robar y mentir son conductas que debo abandonar. Todas estas acciones, y otras, son a las que realmente debo prestarles atención: llegar al trabajo a horario, trabajar para mi empleador a cambio del salario diario, regresar a casa para cenar en lugar de ir un bar, proporcionarle amor y comodidad a mi familia. Mis amigos más religiosos llamarían a estas cosas pecados de comisión o pecados de omisión. Ya sea uno u otro, para mí estaba claro que debía centrarme en estos indicadores de mi carácter.

El padrino del padrino de mi padrino nos dijo que AA es una forma de vida en la que ya no es necesario beber alcohol. Si adopto esta forma de vida y hago el esfuerzo, el problema del alcohol simplemente desaparecerá, como se promete en el Décimo Paso.

Al inicio de mi sobriedad, decidí volver a estudiar. Las clases que tomaba eran por la noche y comenzaban a las 5:30 p. m. Esto significaba que tenía que estacionar cerca del campus alrededor de las 5:15 p. m. para llegar a tiempo a la clase. Un día, estacioné en un lugar con parquímetro. El letrero del parquímetro decía que había que pagar la tarifa hasta las 6 p. m. Después de esa hora, el estacionamiento era gratuito. En la guantera de mi auto tenía multas por estacionamiento indebido y otras citaciones de tráfico impagas. Pensé: "¿Qué diferencia hace una más?", y empecé a caminar por la acera hacia la clase. Al cabo de varios pasos, me detuve. Pensé en lo que mi padrino había estado tratando de enseñarme sobre el Séptimo Paso. No sé qué me pasó, pero regresé y puse suficiente dinero en el parquímetro para poder llegar hasta las 6 p. m.

Mientras me alejaba, me invadió una sensación rara y nueva. Me sentí extrañamente empoderado, con una paz interior poco familiar. Mi nueva percepción de mí mismo era que podía ser alguien que cumple con su deber, alguien que contribuye a la sociedad. Me detuve allí y me reí para mis adentros. ¿Me sentía tan bien por unos pocos centavos? ¡Una ganga!

Así es como empecé a usar el Séptimo Paso para mejorar mi vida. Con los años, he agregado muchas pequeñas acciones que nadie notaría; acciones por las que no me atribuyo ningún crédito. Busco oportunidades para simplemente hacer del mundo un lugar un poco mejor: recogiendo las cosas que usé, dejando que la gente se incorpore al carril. Estos actos aparentemente triviales me tranquilizan, me dan la sensación de que estoy aportando algo en lugar de tomarlo egoístamente, como hacía durante mis años de alcoholismo. Es una sensación agradable, que le aporta chispitas de alegría a mi día.

Este trabajo del Séptimo Paso me llevó a un punto de cambio dramático en mi actitud. Con un amigo estábamos almorzando en una cafetería con terraza. Nuestra mesa daba a una calle muy transitada que estaba en construcción. Tenía cuatro carriles, dos en cada sentido, con barreras de concreto separando los carriles opuestos. Una conductora mayor tomó la dirección equivocada y entró en dos carriles con tráfico pesado que venía de frente. Los conductores que venían en sentido contrario tocaban bocina y hacían señas con los faros delanteros. La mujer quedó petrificada, como congelada, y aferrada al volante. Detuvo el auto, bloqueando ambos carriles.

Mi amigo y yo levantamos la vista mientras almorzábamos, un poco divertidos por el espectáculo. De repente, desde una mesa cercana, una joven bonita, vestida a la moda con un traje de chaqueta, se levantó, se quitó los zapatos de tacón y saltó la barrera de la acera. Extendió ambas manos para detener el tráfico. Se volvió hacia la mujer paralizada y la ayudó a realizar una serie de giros que la sacaron del problema. Una vez que la mujer retomó la marcha, la joven se dio la vuelta, le hizo señas al tráfico para que avanzara, saltó la barrera y volvió a comer su ensalada.

Hasta el día de hoy, sigo envidiando a aquella joven. Quiero lo que ella tiene. Quiero ese instinto de levantarme y ayudar. Quiero esa "inspiración, una idea intuitiva o una decisión" que promete nuestro Libro Grande. Quiero que mi servicio hacia los demás sea tan instintivo que pueda reaccionar como lo hizo aquella mujer cuando se presente la oportunidad.

El Libro Grande dice que nuestro propósito al hacer este trabajo es "ponernos en condiciones para servir al máximo a Dios y a los que nos rodean". Practicar el Séptimo Paso tal como me lo enseñaron puede que algún día me lleve a ese admirable nivel.

T. T.
Albuquerque, New Mexico

## El rey del drama

Julio de 2016

Cuando llegué a AA, creí que si lograba dejar de beber, todos mis problemas se resolverían. Beber alcohol era, sin duda, mi defecto más evidente, pero con el tiempo, otros afloraron a la superficie. Me ha llevado tiempo darme cuenta de cómo mis defectos de carácter y mis carencias afectaban negativamente mi sobriedad. Sin embargo, ahora he descubierto que, sin el alcohol, la ira es la que lidera el desfile.

En la actualidad, llevo casi la mitad de mi vida sobrio y estoy agradecido por el progreso y el crecimiento que he experimentado en Alcohólicos Anónimos. Pero el crecimiento ha sido lento en muchos aspectos. He aprendido que mis "antiguas ideas" son el lugar donde residen mis defectos de carácter. Para eliminarlos, debo buscar humildemente nuestra solución espiritual y actuar en consecuencia.

Hace solo unos años, pude empezar a hacer avances con la ira. Ciertamente, quería que mi ira y las consecuencias de la ira desaparecieran, pero seguía ejerciendo mi fuerza de voluntad en lugar de confiar en nuestros Pasos. La humillación me llevó al umbral del Sexto y del Séptimo Paso, y la humildad me permitió atravesarlo. La impotencia me obligó a rendirme.

Una discusión con mi hija fue el catalizador que me despertó a una experiencia espiritual. Tener motivaciones correctas junto con conductas indebidas simplemente no funciona. El daño se propagó a medida que otros familiares recibían llamadas telefónicas y mensajes de voz. Finalmente, hice una pausa y salí a caminar, temblando de ira. Me llevó mucho tiempo calmarme lo suficiente como para poder empezar a ver mis errores.

Primero recé y luego llamé a mi padrino. Siempre que le hablaba sobre un problema, su primera pregunta era: "¿Ya rezaste por eso?". Repleto de humillación, hice más llamadas telefónicas, intentando hacer reparaciones.

Varias horas más tarde, mi esposa me llamó desde el trabajo, exhausta por todas las llamadas telefónicas que le habíamos dejado tanto nuestras hijas como yo. De la boca de esta maravillosa y paciente mujer, que se había convertido en una víctima inocente de la ira de su marido brotaron, palabras de sabiduría.

Con calma y congoja, me contó cómo este hecho había trastornado su día, y luego me dijo algo que me impactó, una verdad que yo no había visto sobre mí mismo. Me dijo que yo me quejaba de que los demás eran los "reyes del drama", pero que el rey del drama era yo. En silencio acepté que tenía razón.

Después de esa llamada telefónica, me arrodillé y verdaderamente trabajé el Sexto y Séptimo Paso en lo que respecta a la ira. El Sexto y Séptimo Paso no tenían que ver con mi conducta indebida o trabajar en eliminar estos defectos, como había intentado una y otra vez. Era necesario que me diera cuenta de mi impotencia y de la ingobernabilidad que rodeaba a todos mis defectos de carácter, y que luego buscara la ayuda de Dios para eliminar esos defectos. Fue necesario tener humildad cuando le pedí que eliminara mi ira. Mi padrino me ha dicho muchas veces que la humildad es el corazón de AA. Ese día, no solo comencé a experimentarla, sino que también desarrollé una mejor comprensión de lo que significa entregarle mis problemas a Dios.

¡Cuánto deseaba que mi ira hubiera desaparecido por completo! Sin embargo, se ha logrado una enorme mejora. Cuando recuerdo hacer una pausa y rezo para que se elimine la ira que hay en mí, parece que me va bien. Hacer lo correcto me mantiene alejado de mis dilemas autoimpuestos.

S.
Rio Rancho, New Mexico

## La exsuegra

Julio de 2015

A los dos años de lograr la sobriedad, escribí mi Séptimo Paso. Recé con mi pastor y mi madrina para que mis defectos fueran eliminados. Después de rezar, sentí como si me hubieran quitado un peso de encima, como si volviera a flotar en esa "nube rosa". Intenté autoconvencerme de que ya no sería egoísta, crítica ni impaciente; que sería capaz de dejar atrás todos mis resentimientos.

Al cabo de un año, seguía resentida con las mismas personas. Mi mayor resentimiento era hacia mi exsuegra. Había cuidado a mis hijos durante 10 años mientras yo estaba ocupada emborrachándome. La odiaba por todo lo que hacía bien y por todo lo que hacía mal.

Mis hijos terminaron bajo su custodia cuando yo fui a la cárcel y su padre a rehabilitación. No respondía mis llamadas telefónicas desde la cárcel. Cuando salí, no llamaba con frecuencia, porque sabía que no me atendería. Seguí adelante con mi vida, lo que incluyó dos rehabilitaciones más, otra visita a la cárcel y una estadía en un refugio para personas sin hogar. En mi mente, la vida era una batalla cuesta arriba que simplemente no podía ganar.

Pero quería recuperar a mis hijos. Sabía que debía dejar de beber y mantenerme sobria. Por el contrario, bebía para olvidar, y el resentimiento se hacía cada vez más grande.

Cuando llegué a AA, me resultaba difícil incluso asistir a las reuniones y conservar un empleo. Recuerdo que me sentaba en las reuniones llorando y diciéndoles a todos que solo quería ser madre. Durante esos primeros años de sobriedad, rezaba por mis hijos. Algunas noches, las pesadillas me despertaban de un sueño profundo. Soñaba que mis hijos se ahogaban, se perdían o sufrían algún daño.

No pude oír sus voces hasta que alcancé 18 meses de sobriedad. Fueron 18 meses muy largos. Pero me enfoqué en AA. Hice trabajo de servicio. Preparé café para mi grupo base. Trabajé los Pasos. Hablé con otros alcohólicos que habían pasado por lo mismo que yo, y eso hizo que pudiera soportar el dolor.

La recuperación trae recompensas inconmensurables. Al llevar tres años de sobriedad, un juez me otorgó la custodia de mis hijos. Rápidamente, mi alegría se vio ensombrecida por el odio y los pensamientos de venganza. Iba a castigar a esa mujer que me había alejado de mis hijos. Le impediría verlos, al igual que ella me lo había impedido a mí.

Mi resentimiento hacia esa mujer comenzó como una bola de nieve y se transformó en una avalancha. Contraté a un abogado para mantenerla alejada. Me quejaba sobre ella con mi madrina a diario. Me deleitaba la idea de que ahora se quedaría sola, sin poder volver a ver a los niños.

Luego, un juez le otorgó derechos de visita. ¡Me encolericé! Un día me paré en el porche a hablar por teléfono con mi madrina sobre el tema. Finalmente me dijo que estaba harta de escucharme. Sin nadie con quien poder hablar, me quedé yendo y viniendo por el porche.

De repente, me invadió un sentimiento de remordimiento. Por alguna razón, mi mente repasó las cosas que había hecho y dejado de hacer durante todos esos años en los que ella había cuidado de mis hijos. Me sentí agradecida de que los hubiera mantenido unidos y no hubiera permitido que quedaran bajo la guarda del Estado. Habiendo visto la situación de otros padres alcohólicos, sabía que mis hijos podrían haberlo pasado mucho peor.

Aquel día, mientras iba y venía por el porche, recordé las palabras del Séptimo Paso: "Humildemente le pedimos que nos liberase de nuestros defectos". Recordé mi oración. Los ojos se me llenaron de lágrimas al darme cuenta de que Dios estaba respondiendo a esa oración.

Yo tenía mi cuota de responsabilidad por ese odio. Si yo no cambiaba, nada cambiaría. El odio me estaba consumiendo, me robaba la serenidad. Decidí que no quería seguir sintiéndome así. La llamé y le dije que el juez tenía razón, que debía ver a los niños. Le pedí disculpas por todo lo que le había hecho. Ella las aceptó.

Hoy en día tenemos una buena relación. En ocasiones, el resentimiento vuelve a asomar. Cuando sucede, la llamo y hablamos. Veo que es tan humana como yo. Ahora que sé lo difícil que es a diario la maternidad, le agradezco por haber dado un paso al frente y hacer mi trabajo durante 10 años. Si necesita algo, estoy ahí para ella. Si se le rompe el auto, le presto el mío. Cuando me llama, contesto el teléfono. Ahora puede ser la abuela que siempre quiso ser, y no tengo problemas con eso, gracias a Dios y al Séptimo Paso.

April P.
Monongahela, Pennsylvania

## Escaparse

Julio de 2016

Cuando llevaba cinco años sobrio, iba paseando por una calle en Great Neck, Long Island, y vi a un tipo que venía directamente hacia mí. Este tipo me había estafado una vez con varios miles de dólares al cobrar un cheque del seguro que era mío y él había recibido por error. Y no había ningún motivo para que no me devolviera el dinero. Sin embargo, en lugar de confrontarlo, decidí cruzar la calle.

Eso fue un despertar de AA. Juré no volver a hacerlo nunca más. Huir ya no sería una opción. Tampoco lo sería ignorar las situaciones o excusar las conductas indebidas de otras personas, como decirme que él necesitaba el dinero más que yo.

Siempre había hecho casi lo imposible para evitar la confrontación. Después de todo, es posible que "las personas" no me quisieran. "Las personas" eran mucho más importantes que yo. Pero ese día, le pedí a Dios que me diera valor no solo para entender mi conducta, sino para superar este defecto de carácter.

Una parte increíble de mi experiencia con AA es descubrir que cuando afronto directamente los problemas de la vida, la mayoría de ellos se resuelve con bastante facilidad. Para mí, valor no es solo hacer "lo correcto", sino comenzar a actuar de forma apropiada. Los Pasos me han ayudado a "decir lo que pienso, sin ser cruel". ¡Acción! Séptimo Paso. Para mí, esa es la clave. Escaparse, nunca más.

Steve M.
Brentwood, Tennessee

## Hablando de humildad

Julio de 2018

El pasado mes de noviembre, me ofrecí como voluntario para ser orador en una reunión de discusión. Sería mi primera reunión como orador en este grupo, y tendría lugar el viernes después del Día de Acción de Gracias. Decidí hablar sobre el tema de la humildad, ya que las palabras "humilde" y "humildad" aparecen con bastante frecuencia en el Libro Grande.

Dediqué semanas a investigar y aprendí algunas cosas interesantes. La palabra "humildad" proviene del latín y significa "de la tierra, no de los cielos". Además, se ha argumentado que los Doce Pasos se basan en la humildad. Es más, muchas religiones sostienen que la humildad es esencial para iniciar un camino espiritual. Algunas fuentes incluso sostienen que la humildad es la única condición para recibir la gracia divina.

Ensayé y volví a editar mi texto. Eran poéticas, incluso hasta poderosas. Creía que esta presentación sería considerada una de las mejores del año. Incluso podría ser lo suficientemente buena para un encuentro regional.

Así que el Viernes Negro fui temprano a la reunión para hablar con el líder del grupo. Sin embargo, me enteré de que estaba fuera de la ciudad. Antes de que pudiera encontrar al líder sustituto del grupo, se dio inicio a la reunión. La reunión se desarrolló según la agenda habitual. Me sentía un poco nervioso, pero me concentré en ensayar mi texto mentalmente.

Finalmente, estábamos listos para tratar el tema. Estaba preparado para entrar en acción apenas me llamaran. Pero, para mi sorpresa, el líder sustituto del grupo presentó a otro miembro para que presentara el tema, un muchacho llamado Bobby. No sabía si interrumpir la reunión o dejar que continuara. Decidí permanecer en silencio y apretar los dientes durante toda la reunión. El tema de la presentación de Bobby era sobre la gratitud, ya que era el fin de semana festivo de Acción de Gracias. Fue excelente, pero solo escuché algunas partes.

Mientras estaba ahí sentado, empecé a darme cuenta de lo que había sucedido. Al pasarle el relevo al líder sustituto del grupo, nadie le había dado la lista de los oradores programados. En consecuencia, llamó a otra persona para que hiciera la presentación. Se trataba de un error involuntario sin mayor importancia. Sin embargo, la ira y la autocompasión me invadieron de tal forma que me apresuré a salir de la reunión en silencio y juré no volver nunca más.

Al día siguiente, me llamaron para viajar fuera de la ciudad por una semana. Esto me dio tiempo para reflexionar sobre mi resentimiento. Conclusión: mi ego se había apoderado de mí. Había convertido lo que se suponía que era un acto de servicio en un acto de autopromoción. Había creado una fantasía con resultados grandiosos. Estaba más interesado en causar una buena impresión que en conectar con el grupo.

Ese Viernes Negro podía explicar la humildad, pero en realidad no la estaba viviendo. Estaba anteponiendo mi personalidad a los principios espirituales. Me atrevo a decir que esta revelación fue humillante.

Es irónico que aprendiera más sobre la humildad a partir de este error de programación que lo que el grupo habría aprendido de mi presentación. En realidad, estoy agradecido de que se haya producido este error de programación. Me ha permitido descubrir varios de mis defectos de carácter. Me obligó a trabajar en mi condición espiritual, a mejorar la forma en que controlo mis defectos y a recordar que debo pedir la ayuda de Dios para eliminarlos.

¿Qué más he aprendido? Prometo no volver a ser orador en una reunión hablando de este tema hasta que esté seguro de mi motivación.

John P.
Minneapolis, Minnesota

# OCTAVO PASO

Hicimos una lista de todas aquellas personas a quienes habíamos ofendido y estuvimos dispuestos a reparar el daño que les causamos.

*Aquí presentamos otro Paso que se centra en estar dispuestos, en este caso haciendo una lista de las personas a las que hemos hecho daño, especialmente durante nuestra carrera de bebedores. Dado que podríamos estar afectando la vida de otras personas, es importante pensar nuestra lista cuidadosamente y compartirla con nuestro padrino u otro AA de confianza. "Reconocer que había ofendido significó un cambio interno importante para mí", escribe Gail V. en "Destrozada". "Antes solo me preocupaba lo que los demás me habían hecho". Nuestra lista del Octavo Paso nos guía para hacer reparaciones cuando estemos dispuestos y nos ayuda a perdonar. El perdón, como afirma Valerie T. en "La medicina que necesitaba mi corazón", le ayuda a avanzar hacia "la salud, la felicidad y el amor".*

# Destrozada

Agosto de 2021

Recientemente estaba leyendo una historia en la sección Pasos del Grapevine y recordé cómo fue que aprendí el verdadero significado del Octavo Paso al inicio de mi sobriedad. Lo que me pareció interesante al comprender este Paso es que la lección no vino de un compañero de AA, sino de mi hermana.

Cuando oí hablar por primera vez del Octavo Paso, entendí como que debía ir de aquí para allá pidiéndole perdón a todo el mundo por todas las ofensas que había causado. Y, como todavía sentía mucha culpa y vergüenza por las cosas que había hecho en el pasado, casi sentía que debía que ir por todas partes presentándome y diciendo: "Hola, lo siento. Me llamo Gail".

La relación que tenía con mi hermana, seis años menor que yo, había sido muy poco saludable. Alcancé la sobriedad cuando tenía 18 años. Ella solo era una niña entonces y yo había sido un tornado abusivo en su vida.

Yo llevaba unos dos años de sobriedad cuando una noche tuvimos una pelea verbal. Hoy no puedo recordar por qué discutimos, y ella tampoco. Sin embargo, en ese momento fue importante para nosotros. Durante la pelea, subió corriendo la escalera hacia su habitación y dio un portazo. De inmediato me sentí mal por mi conducta hacia ella y por cómo había reaccionado. Ya no quería ser esa persona y estaba decepcionada conmigo misma. Quería subir hasta su habitación y decirle que sentía haberle gritado y haber discutido con ella, pero sabía que no me iba a escuchar.

En cambio, le escribí una carta. Era una carta de reparación. En ella, hice algo que nunca antes había hecho. Elaboré un plan de acción en el que describía cómo iba a cambiar mi conducta y los diferentes tipos de herramientas que utilizaría para llevar a cabo el cambio.

Deslicé la carta por debajo de su puerta y me fui a mi reunión de AA. Al regresar de la reunión, encontré mi carta rota junto a la puerta de mi habitación, con un letrero que decía: "No lo creo, no esta vez", seguido de un vocabulario más colorido. Mi impulso inmediato fue correr escalera arriba hasta su habitación, agarrarla, sacudirla y gritarle: "¿No has leído la carta? ¡Te dije que lo siento y que te amo!".

Gracias a Dios, no lo hice. En cambio, me di cuenta de que no importaba que ella no me creyera, porque yo ya no quería ser ese tipo de hermana. Decidí seguir adelante con el plan de acción que había descrito en la carta.

Una vez escuché a alguien compartir en una reunión que la palabra "reparar" no significa "pedir perdón", sino más bien "cambiar". Si digo que voy a reparar un documento, significa que voy a cambiar algo en él. Esa fue la lección que aprendí ese día con mi hermana. En lugar de decirle solamente que lo sentía, había elaborado para ella —pero más que nada para mí— un plan de acción para cambiar.

Esta revelación ha tenido un gran impacto en la forma en que ahora practico el Octavo Paso. No solo analizo lo que he hecho para ofender a los demás, sino que pienso en lo que haré para cambiar y no volver a ser esa persona. Luego debo preguntarme si estoy realmente dispuesta a llevar a cabo ese plan, porque no hay nada peor que tener que volver atrás y hacer una reparación de una reparación que ya he hecho.

No me malinterpreten. Es importante sentir remordimiento y pedir disculpas por ofender a los demás. En realidad, reconocer que había ofendido significó un cambio interno importante para mí. Antes solo me preocupaba lo que los demás me habían hecho. Sin embargo, AA es un programa de acción y he aprendido que es en la acción donde he encontrado mi recuperación. Ahí es donde se producen los grandes cambios para mí.

Así que ahora, antes de pasar al Noveno Paso, me aseguro de que el plan de acción que elaboré en mi Octavo Paso sea sólido y realista. Lo repaso con mi madrina y otros amigos cercanos de AA y rezo para eso.

Siempre estaré agradecida por esa lección de mi hermana, ya que siento que ha mejorado mi recuperación. En ocasiones, podemos aprender lecciones valiosas de AA de personas ajenas a nuestras reuniones.

Gail V.
Burlington, Ontario

## Listo para barrer

Agosto de 2015

Cuando era un alcohólico activo, les causaba daño físico, mental y espiritual a las personas. Y a medida que mi consumo de alcohol se volvía más destructivo, me aislaba y alejaba de los demás incluso más que lo habitual, en un intento por beber y drogarme sin interrupciones ni críticas negativas. Luego me sentía abrumado por el miedo, la vergüenza, la culpa y el remordimiento. Mi odio hacia mí mismo se extendía a todas mis relaciones, es decir, a las pocas que aún me quedaban.

El Octavo Paso me proporcionó las herramientas que necesitaba para explorar estas relaciones más profundamente. Me permitió identificar a aquellas personas a las que había ofendido. Y, aunque en realidad no estaba dispuesto a hacer reparaciones directamente a ciertas personas, pude empezar elaborando una lista de reparaciones y rezando para encontrar la buena voluntad.

A medida que avanzaba con mi lista, la pregunta esencial para mí, como dice en el libro "Doce y Doce", era: "¿A quién he ofendido?" y de qué manera. Me sentí tentado a recordar y mencionar las formas en que estas personas me habían ofendido. Para ser totalmente honesto, las ofensas fueron mutuas. Pero necesitaba centrarme en las ofensas que yo había causado. El Octavo Paso no depende de los defectos de carácter ni los defectos de los demás. Debía admitir y reconocer mis propios defectos de carácter. Necesitaba centrarme en "barrer mi lado de la calle".

Cuando me di cuenta de que surgía en mí la necesidad de defenderme, recordé que estas personas necesitaban mi perdón tanto como yo necesitaba el de ellas. Sin embargo, el problema no era si reconocían esa necesidad. Si realmente quería reparar las relaciones rotas, y sin duda era así, tenía que dejar atrás mis resentimientos y, al mismo tiempo, perdonar a los demás.

Las siguientes preguntas me resultaron útiles mientras trabajaba mi Octavo Paso:

1) ¿De qué manera el alcohol me volvía malhumorado?

2) ¿Evitaba a mis amigos y familiares como consecuencia de mi obsesión?

3) ¿Qué daño causé al dejar que mi obstinación se desatara?

Estas me ayudaron a obtener mayor entendimiento y a pensar en otras personas para agregar a mi lista.

A medida que continuaba mi proceso del Octavo Paso, era evidente que yo también me había hecho mucho daño. Y me di cuenta de que las reparaciones más eficaces que podía hacerme era mantenerme sobrio y practicar los Pasos lo mejor que pudiera. Y si sigo sin beber solo por hoy, no beberé durante el resto de mi vida.

Al principio de mi sobriedad, jamás habría contemplado dar el primer paso para hacer una reparación. Pero ahora estoy intentando discernir y aplicar la voluntad de Dios en mi vida. Ahora asumo la responsabilidad de mi sobriedad y de mis relaciones. Asumir ese riesgo se ha convertido en una posibilidad gracias a los Pasos y a mi red de apoyo en las salas de AA. El Octavo Paso me ha dado la capacidad de mantener y desarrollar una profunda intimidad y compromiso con las personas importantes en vida. Además, me proporciona equilibrio emocional y espiritual.

Gary T.
Poughkeepsie, New York

# Enfurecido

Agosto de 2018

Llevaba unos tres años en AA y había hecho algunos inventarios. Taché algunos nombres de mi lista de reparaciones, pero aún no me sentía libre. Había un resentimiento que aún no estaba dispuesto a soltar, y sabía sin lugar a dudas que a este tipo no le debía una reparación.

Durante mi alcoholismo activo, no había sido el mejor novio para la mujer que ahora es mi esposa. Cuando estábamos juntos, ella había establecido una conexión emocional con un compañero de trabajo. Al enterarme de lo que pasaba entre ellos, tuve toda la intención de ir a su trabajo y matarlo. Afortunadamente, eso no ocurrió.

Este hombre aparecía en todos mis inventarios, pero yo no estaba dispuesto a reconocer mi parte; la culpa era toda suya. Mi padrino y yo decidimos que sería beneficioso hacer otro inventario. Puse el nombre de ese hombre primero en mi nueva lista de resentimientos. Cada vez que leía su nombre en voz alta, me invadía una ira tal que no importaba nada más.

Un día, mi padrino me dijo muy amablemente: "Bill, ¿por qué no piensas que tal vez le debas una reparación a ese hombre?". Lo miré e hice lo que me habían enseñado: me mordí la lengua, asentí con la cabeza y dije que sí.

Una semana más tarde, mi esposa y yo estábamos conversando. En nuestra conversación surgió este hombre que había sido el motivo de muchas discusiones entre mi esposa y yo. La vieja ira comenzó a apoderarse de mí, pero entonces recordé las palabras de mi padrino: "Bill, tal vez le debas una disculpa a este tipo".

Únicamente estaba dispuesto a pensar que tal vez, solo tal vez, le debía una reparación a este tipo. Solo sentí una pizca de disposición para pensarlo. Mientras nuestra conversación continuaba, le hice una pregunta a mi esposa. No puedo recordar la pregunta exacta, pero recuerdo la respuesta como si fuera ayer.

Ella hizo una pausa, me miró y dijo: "Bill, durante ese tiempo en el que bebías, no tenía a nadie a quien recurrir, nadie con quien hablar. Lo único que quería era morir, y había una persona que me hacía sentir un poco de felicidad, que hacía que la vida no fuera tan dolorosa".

En ese momento, esperaba sentirme lleno de ira. Pero, para mi sorpresa, lo que sentí fue gratitud. Supe que, en un momento en el que yo le estaba causando un gran dolor a la vida de mi esposa, al menos ella había podido encontrar un poco de felicidad. No solo comencé a sentirme agradecido de que mi esposa hubiera encontrado algo de felicidad durante ese tiempo, sino que ahora, incluso, sentía gratitud hacia este hombre. Él le había dado a mi esposa algo de felicidad cuando yo no era capaz de hacerlo, cuando lo único que me preocupaba era mi próxima copa. En ese momento supe que le debía una reparación a este hombre.

Cuento esta historia no para impresionarlos con mi capacidad de perdonar porque, sinceramente, si hubiera dependido de mí, habría matado al tipo. La cuento para compartir con ustedes la capacidad de este programa para obrar milagros en nuestra vida si simplemente tomamos medidas y estamos dispuestos a decir: "Está bien, podría ser". No se necesita nada más.

En mi experiencia, no se me concede el milagro y luego actúo. Sino que actúo y luego ocurren los milagros. Muchas veces, lo que AA me sugiere que haga no parece ser la respuesta. Pero he descubierto que cualquier medida que AA me ha pedido que tome siempre ha terminado con un resultado mucho mejor de lo que jamás podría haber imaginado.

Bill B.
Tahlequah, Oklahoma

# La medicina que necesitaba mi corazón

Agosto de 2022

¿Qué pasa cuando no tengo que hacer reparaciones porque no le he hecho daño a la otra persona? Sino que es la otra persona quien me hizo daño. ¿Cómo puedo perdonar?

En AA, cuando siento que me han hecho daño, puedo hablar con mi madrina y mis hermanas sobrias para sentirme mejor. Ellas me conocen y me orientan como corresponde. Normalmente escribo sobre eso, luego hablo un poco más al respecto y después rezo. Tomo medidas para que mis defectos de carácter no se manifiesten. Puedo llevar las cosas demasiado lejos y entonces se embarra mi lado de la calle. Odio tener que hacer reparaciones porque no pude mantener la boca cerrada.

He aprendido a hacer primero el trabajo, luego una pausa, rezar y hacer los Pasos, de modo que cuando me acerque a alguien para una reparación, lo haga desde un lugar espiritual. Puede ser agotador.

No hace mucho, me ocurrió una situación muy delicada en AA. Estaba en mi grupo base, cuando levanto la vista y veo al hombre que me había violado en los últimos días de mi adicción al alcohol. Era un recién llegado. Me quedé atónita. Inmediatamente me acerqué a una mujer y le pedí que se quedara conmigo para sentirme a salvo. Fuimos a un lugar seguro y le conté lo que había pasado.

Dios estaba obrando en mi vida, porque me contó que a ella le había pasado exactamente lo mismo. Ella tenía la experiencia, la fortaleza y la esperanza que yo necesitaba en ese momento. ¿Qué probabilidades había de que eso ocurriera? No conocía muy bien a esta mujer y no sé por qué la convertí en mi persona de confianza, salvo que debió haber un Poder Superior a mí misma guiándome. Después de hablar con ella, reuní a algunas de mis hermanas sobrias y fuimos a la casa de una de ellas, que estaba cerca. No estaba sola.

En los días siguientes recé mucho. Hablé con mi madrina y se nos ocurrió una solución que me pareció segura, pero al final dijo que era mi decisión. No voy a entrar en detalles sobre lo que pasó ni por qué era la mejor opción. Solo tendrán que creerme cuando les digo que fue una solución que aprobó más de una persona , no solo yo.

Eventualmente decidí que él necesitaba a AA y que yo podía brindarle la misma oportunidad de sobriedad que me habían dado a mí. También podía tener anonimato. Le permití que se uniera a mi grupo base. Yo voy a muchas reuniones, así que dejar esta y aceptar otra reunión como mi grupo base era algo que podía hacer. Fue difícil. Sentía que ya me había quitado demasiado. Pero AA había estado ahí en mi peor momento, y algo dentro de mí me decía que AA tenía que estar ahí para él ahora. Me alejé. No lo acepté ni lo rechacé. Simplemente le permití encontrar su camino sin mí.

Perdonar es difícil. Es el desprendimiento en su máxima expresión. Alejarme sin decirle nada fue una de las cosas más espirituales que haya hecho alguna vez. Lo perdoné y no hice nada que lo involucrara. El poder de eso lo cambió todo en mí. Ya no pienso en él. Ya no aparece en mis inventarios de Cuarto Paso. No le debo ninguna reparación; no necesito que me haga una reparación a mí. Eso es algo entre él, su padrino y su Poder Superior. He dado todo lo que tenía que dar.

El Noveno Paso trata sobre corregir las cosas. No necesito que corrija las cosas. Ya las corregí yo. El perdón ha sido la medicina que necesitaba mi corazón para avanzar hacia la salud, la felicidad y el amor. Ahora tengo la oportunidad de usar esta experiencia para ayudar a otras mujeres a soltar, perdonar y vivir la vida sobrias, felices, alegres y libres. AA me dio... a mí misma.

Valerie T.
San Diego, California

# Devolver al remitente

Septiembre de 2023

Aproximadamente después de tres meses de estar en el programa, empecé a interesarme poco a poco en los Pasos. No paraba de oír que el Cuarto Paso realmente daba mucho miedo. Pero cuando llegué a ese Paso, pensé que las personas que decían que daba miedo estaban locas.

Escribir sobre todas las personas con las que estaba enfadado, eso fue fácil. Sin embargo, analizar mi parte en esos conflictos no fue tan fácil. Pero seguí adelante. Trabajé el Cuarto Paso tal como me "sugirió" mi padrino y pronto tuve un inventario de cuatro columnas, según se describe en el Libro Grande. Como soy rebelde, no lo escribí de puño y letra, sino que lo tipeé. Luego presioné imprimir y tuve delante de mí una copia en blanco y negro.

El mayor resentimiento que sentía era hacia mi padre, que sin duda me había dañado más a mí que yo a él. Incluso después de trabajar el Quinto Paso, seguía sintiendo un gran resentimiento hacia mi padre. Podía estar sentado en una reunión y si alguien hablaba de su padre yo me enfadaba. Ni siquiera tenían que estar hablando de tener problemas con sus padres; podía ser sobre los buenos momentos que pasaban con ellos ahora en sobriedad y yo me enfadaba como gato en bolsa.

En un momento dado, me dijeron que probara con el "truco de la página 552", que se refiere a la historia "Libertad de la esclavitud" de la cuarta edición del Libro Grande en inglés, que menciona rezar por la persona hacia la que le tienes resentimiento. Se reza para que tengan todo lo bueno que deseas en la vida. Hazlo durante dos semanas y, cuando termines, descubrirás que lo dices en serio.

Bueno, yo lo hice cada mañana durante todo un mes y, al final, seguía enfadándome en las reuniones cuando alguien hablaba de su padre.

Con tres años en el programa, ya iba por el tercer padrino. Los dos primeros habían vuelto a recaer. "¿No es hora de que hagas algo sobre el resentimiento y las reparaciones a tu padre?", me dijo mi nuevo padrino.

A regañadientes, accedí a escribirle a mi padre. Así que escribí la carta y se la envié por correo electrónico a mi padrino para pedirle su opinión sobre el contenido. Me respondió eliminando esto y agregando aquello. Después de intercambiar varios correos electrónicos, llegamos a un acuerdo. Luego, fuimos a una reunión y nos dirigimos a una hamburguesería local para hablar sobre el tema. Volví a leer la carta y acordamos que estaba lista para enviarla.

Ahora..., el Libro Grande habla de estar dispuesto, y yo todavía no estaba realmente dispuesto a enviar esa carta. Así que cuando mi padrino me dijo: "Envíala", le entregué la carta, un sobre y un billete de un dólar para comprar un sello. "No voy a enviarla", le dije. Rio entre dientes mientras me sacaba la carta de la mano y dijo: "Está bien".

Esa reunión con mi padrino fue un sábado. Cuando volví del trabajo a casa el jueves siguiente, revisé el buzón y la carta estaba allí. En la carta decía: "Devolver al remitente".

Miré el sobre atónito. Saqué el teléfono móvil y llamé a mi padrino. Le pedí que adivinara qué había en la correspondencia. Supuso que era una carta de mi padre. ¡No! Le dije que era la misma carta que habíamos enviado. La habían devuelto. Hablamos sobre el significado de eso.

Desde el día en que llegué a casa y encontré la carta en mi buzón, mi resentimiento desapareció. Hice mi parte. No depende de mí cómo mi padre acepte o rechace mi intento de corregir las cosas. El esfuerzo depende de mí. Eso no quiere decir que él y yo nos hablemos hoy en día, pero ahora puedo compartir esta historia o escuchar a otras personas hablar sobre su padre sin enfadarme.

Al cabo de dos años de que ocurrió todo esto, mi hermana se puso en contacto conmigo para decirme que si quería hablar con nuestro padre, más me valía darme prisa porque su salud estaba empeorando. "La última vez que le envié una carta, me la devolvieron sin abrir", le dije y ella lo pensó detenidamente. "No intentes comunicarte con él", replicó. "No ha cambiado".

Hablé con mi padrino en ese momento y me preguntó cuánto tiempo había transcurrido desde la última vez que había pensado en mi padre. Me costó responder a esa pregunta, ya que el resentimiento había desaparecido.

Joseph S.
Reno, Nevada

## Bajo el árbol baniano

Agosto de 2013

Cuando escribí mi primera lista del Octavo Paso, no me costó en absoluto poner a mi madre en primer lugar. En mi Cuarto Paso, ya había mencionado todo lo que le había robado (dinero, joyas, platería de la boda). Sabía lo que venía después.

Admitir mi culpa siempre me ha sido difícil. Mentir me resultaba fácil. Creo que el temperamento legendario de mi madre tuvo algo que ver en eso. Crecí con ella enfureciéndose incluso por transgresiones menores. Con frecuencia, como ella misma decía, perdía los estribos por completo. Sentía que debía evadir la culpa a toda costa. No tenía ninguna duda de que, después de decirle la verdad, ella perdería los estribos por completo.

Incluí su nombre en la lista, si bien no era por valentía. Sabía que nunca tendría que admitir nada ante ella. Murió antes de que yo lograra la sobriedad. Esperaba que mi padrino me pidiese que avanzara, pero no lo hizo. En cambio, me contó cómo los alcohólicos habían hecho reparaciones a sus padres ya fallecidos desde los inicios de AA.

Me hizo escribirle una carta a mi madre, especificando en detalle lo que le había robado. Se la di para que la leyera. Me pidió que eliminara las referencias al temperamento de mi madre y que volviera a escribirla en un papel más bonito que el de un cuaderno barato. Me dijo que la pusiera en un sobre, la sellara y la enviara por correo. Me parecía absurdo usar una estampilla, ya que el sobre iba dirigido a "Mamá". Sin embargo, me dijo que lo hiciera de todos modos.

A la semana siguiente, nos reunimos en una cafetería para hablar de lo que vendría después: el perdón. No creía que mi madre fuera más propensa a perdonarme muerta que viva. Él no estaba hablando de que ella me perdonara; por el contrario, se refería a que yo perdonara a mi madre. No creía que fuera algo que yo podía hacer. Me dijo que apenas había comenzado a hacer mis reparaciones. Me sugirió que regresara a mi ciudad natal y llevara flores a la tumba de mi madre. Viajé, sabiendo que ella no había sido enterrada junto a sus padres. Su hermano no lo había permitido. Verla rodeada de extraños me hizo sentir pena por ella, algo nuevo.

Luego, me puse en contacto con la querida tía de mi madre, que siempre le había brindado amor y aliento. Mi madre mencionaba con frecuencia lo agradecida que estaba con ella. Mi tía rompió en llanto. Se sentía culpable por no haber hecho lo suficiente. Luego me contó historias sobre mi madre cuando era niña, que no tenían ninguna semejanza con la mujer que yo conocí. Me envió un pequeño álbum con fotos descoloridas de la boda de mis padres. No me había dado cuenta de cuánto se parecía mi madre a Katharine Hepburn de joven. En una de las fotos, tiene una sonrisa deslumbrante y segura. Evidentemente yo desconocía a esta joven.

Volví a ponerme en contacto con mis hermanos. Prácticamente no tenía relación con ninguno de ellos. Yo me había mudado cuando ellos apenas habían terminado la escuela primaria. Ahora intentaba ser el hermano mayor, algo que mi madre hubiera querido. Para mi sorpresa, mis hermanos respondieron. Acabé haciendo por ellos lo que la tía de mi madre había hecho por mí: llenar los vacíos del pasado.

Yo estaba en séptimo grado cuando mis padres se divorciaron. Mi padre se mudó y se volvió a casar. Mi madre tuvo que trabajar para mantenernos. En 1970, sus opciones eran muy limitadas. Nos daban cupones de alimentos. Perdió el control que alguna vez tuvo sobre su consumo de alcohol. Salía todas las noches y, con frecuencia, ni siquiera regresaba a casa. Algunas mañanas, me despertaba y encontraba hombres desconocidos en casa. Creo que la asustó el hecho de que me mudara al terminar la escuela secundaria. Rápidamente se volvió a casar. Aún bebía en exceso, pero ahora lo hacía en su casa. Mis hermanos crecieron con un padrastro que se enfadaba, pero no era el reinado del terror que yo había conocido.

Con frecuencia, mis hermanos no reconocían a la madre que yo les describía. No podía justificarlo solo por la diferencia de edad que había entre nosotros. Con frecuencia, sus opiniones solían diferir entre sí. Esto me abrió los ojos a un tipo particular de egocentrismo. No necesariamente las otras personas experimentaban el mundo a mi manera. También me di cuenta de que tenía que hacerles una reparación.

La noche que mi madre murió, volví corriendo a su casa y fui directamente al sótano, con la esperanza de salvar las viejas fotos familiares de una limpieza inevitable. Encontré una caja llena de álbumes de recortes y álbumes de fotos. La metí en el maletero de mi auto. No le conté ni a mi padrastro ni a mis hermanos lo que había hecho. Las viejas costumbres nunca mueren, especialmente cuando los motivos son "nobles".

También les dije a mis hermanos que crecí sintiendo que yo no le importaba a mi madre. Me preguntaron si por eso había desaparecido de su vida después de terminar la escuela secundaria. Por aquellos años, mantenía un contacto mínimo con mi madre. No respondía a sus llamadas ni devolvía sus mensajes. Esto continuó durante años. Ahora comprendo que estaba causando un nuevo tipo de daño, lo que un miembro sabio de mi grupo base denomina "generar sospechas". Esto sucede cuando el descuido de un hijo hace que un padre se pregunte si ha ocurrido algo malo. Yo hacía que mi madre se preocupara constantemente. ¿Había ocurrido un accidente? ¿Estaba hospitalizado? ¿Estaba vivo siquiera? ¿Cómo sé que ella se preocupaba por mí? En mi tercer año, finalmente abrí la caja que había tomado. Mi madre llevaba una especie de diario. Ahí escribía cuánto se preocupaba por mí.

Tenía un resentimiento particularmente persistente contra mi madre. Los días que bebía en casa, le gustaba escuchar sus discos de música hawaiana y bailaba hula para los vecinos. Me sentía humillado, se burlaban de mí sin piedad. Con mi padrino hablamos de esto. Le mencioné que mi madre había vivido un período breve en Hawái cuando era adolescente. Ella consideraba que esta había sido una de las épocas más felices de su vida. Le encantaba la cultura hawaiana y se convirtió en una consumada bailarina de hula. Antes de que mis padres se casaran, ella abrió una pequeña escuela de hula en nuestra ciudad natal, una de las primeras de su tipo en el continente. Ella misma me contaba estas historias, usualmente cuando se ponía sentimental por la bebida. Fui al hotel donde mis padres pasaron su luna de miel y me senté al aire libre a tomar un jugo de piña. Me di cuenta de que había heredado el amor de mi madre por Hawái, el primer lugar donde finalmente me sentí algo cómodo siendo yo. Me pregunté si a ella le había pasado algo similar. Después de todo esto, me gustaría poder decir que finalmente perdoné a mi madre.

En el séptimo año, comencé a sufrir una depresión que me impedía levantarme de la cama. Recurrí a la terapia, y mi madre seguía apareciendo una y otra vez. Mi terapeuta parecía impresionado con mis reparaciones. No entendía la razón. No había logrado nada. Seguí asistiendo a las reuniones y cumpliendo con mis compromisos de servicio, pero nada parecía aliviarme. Me decía a mí mismo que no bebiera, pasara lo que pasara, pero no albergaba ninguna esperanza de que algo cambiara.

Entonces, un día, todo cambió. Hice otro viaje a Hawái, esta vez para asistir a una convención de AA. Una noche, regresé al hotel donde mis padres habían pasado su luna de miel. El hotel está construido en torno de un árbol baniano enorme y añejo, con una copa densa de ramas frondosas. Pedí mi jugo de piña. Las olas rompían en la playa. Un hombre tocaba el ukelele. Una anciana, que tenía el cabello como una nube plateada reposada sobre los hombros como un chal, cantaba canciones hawaianas que me resultaban familiares. Eran las que solía cantar mi madre. Oí una carcajada detrás de mí. Vi que una camarera le tomaba una foto a una pareja joven sentada en una mesa cercana. Escuché al joven, que ya estaba calvo, decir que estaban de luna de miel. Su hermosa novia llevaba una enorme flor de hibisco amarilla en el cabello.

Un recuerdo afloró de golpe en mi mente. Yo ya tenía la foto que la camarera acababa de sacar, solo que estaba descolorida y era en blanco y negro. La encontré en esa caja que había tomado del sótano de mi madre. En esa vieja foto hay un árbol baniano, probablemente este mismo. Mis padres son la feliz pareja en su luna de miel. Mi padre ya está calvo y mi madre lleva una gran flor en el cabello. Se ven muy felices. A mi madre, el futuro debió parecerle muy prometedor. No podía imaginar lo que el alcoholismo haría con sus sueños, su matrimonio, sus hijos.

De repente, me sentí abrumado con un sentimiento de compasión hacia ella. Era como las demás mujeres que se sentaban a mi alrededor en las reuniones de AA, aquellas que me habían brindado su amor y ayuda innumerables veces. La única diferencia era esta: ella no había recibido el regalo de la sobriedad. Toda la ira y el resentimiento se desvanecieron en ese momento, en ese lugar. Eso sucedió hace más de 10 años y no han regresado.

Yo no endulzo mi infancia. Es posible que mi madre haya hecho lo mejor que pudo, pero fue un pésimo trabajo. Aun así, le perdono todo. Para hacerlo, tuve que sentir compasión por ella. Cuando escribí aquella primera carta, no tenía idea de cuántos años ni cuántas maneras diferentes tomaría esta reparación. Afortunadamente, lo seguí intentando, si bien mis esfuerzos parecían fracasar. Ahora bien..., creo que mis "fracasos" realmente me prepararon para aquel momento bajo el árbol baniano, para el despertar espiritual sobre mi madre.

Anónimo

# NOVENO PASO

Reparamos directamente a cuantos nos fue posible el daño causado, excepto cuando el hacerlo implicaba perjuicio para ellos o para otros.

*Una hija persiste en sus reparaciones durante años, hasta que su padre finalmente le abre su corazón a ella y al nieto que nunca había visto. Un miembro de AA hace reparaciones a su hermano por algo que hizo mientras estaba inconsciente por el alcohol, solo para descubrir que su hermano lleva tres años en el programa y le está haciendo reparaciones a él. Las historias de este capítulo, entre las más conmovedoras del libro Nuestros Doce Pasos, sinceramente capturan el espíritu de los alcohólicos al asumir la responsabilidad, como escribe Bill W. en nuestro libro Doce Pasos y Doce Tradiciones, "...por sus acciones pasadas y, [...] al mismo tiempo, asumir responsabilidad por el bienestar de los demás". Más que "disculpas", las reparaciones del Noveno Paso pueden brindarnos una nueva sensación de autoconfianza y una intimidad profunda con aquellos a los que amamos.*

## Lo más importante

Septiembre de 2021

Mi padre y yo tuvimos una relación difícil mientras yo bebía. Me echó de casa y apenas tuvo contacto conmigo hacia el final. Pero me iba a buscar al centro de desintoxicación y me llevaba a rehabilitación.

Mientras yo estaba en rehabilitación, mi hermano menor comenzó a recibir cuidados de hospicio en casa. El personal de rehabilitación me dio un permiso para estar con mi familia y mi padre me dejó quedarme unos días hasta que mi hermano falleció. Después de su fallecimiento, regresé a la rehabilitación. Mi padre nunca más me volvió a hablar. Creo que la muerte de mi hermano hizo que se aterrorizara de tenerme en su vida. Nunca sabía cuándo iba a recaer y morir.

Al cabo de aproximadamente un año y medio de sobriedad, intenté hacer reparaciones a mi padre. Me dijo que me olvidara de su número de teléfono y que no quería gente como yo en su vida. A los tres años de estar sobrio, intenté hacer reparaciones de nuevo y le envié un cheque. Me lo devolvió. Poco después le comuniqué que estaba embarazada. Durante mi embarazo le envié una tarjeta cada mes. Jamás me respondió. Cuando nació mi hijo, le envié una foto digital para anunciarle el nacimiento.

Fue la primera vez que me respondió. Algo había cambiado. Incluso me ayudó con algunos aspectos del cuidado de mi hijo, ya que mi hijo tiene necesidades especiales, al igual que tenía mi hermano. Nos comunicábamos exclusivamente mediante mensajes de texto. Nunca había conocido a mi hijo.

Llamé a mi padre y le dejé un mensaje de voz un día después de que el corazón de mi hijo se detuviera durante 35 minutos en el quirófano. Después de la cirugía, mi hijo se encontraba en estado crítico en la unidad de cuidados intensivos. Mi padre, que en ese momento estaba fuera del país, me respondió con un mensaje de texto, pero no vino a ver a mi hijo.

He seguido escribiéndole y enviándole fotos de su nieto. Le envié regalos para las fiestas y le escribí tarjetas, una de parte de mi hijo y otra de mi parte. Lo invité al cumpleaños de su nieto. No vino al cumpleaños, pero envió regalos por valor de cientos de dólares. De esa forma demuestra su amor.

Con los años, hemos empezado a enviarnos más mensajes de texto. Incluso tenemos algo similar a una conversación normal a través de mensajes de texto. Pero no responde a mis llamadas.

Y entonces, la otra noche, algo cambió. Me envió un mensaje de texto en el que me pedía ver a mi hijo. Hicimos planes para vernos. Mi hijo tiene 18 meses y, por primera vez, esta semana conocerá a su abuelo. Yo veré a mi padre por primera vez después de más de cuatro años.

Escribo todo esto para que sepan que la sobriedad funciona. En ocasiones, los resultados de nuestros esfuerzos por hacer reparaciones tardan años en llegar. A veces llegan después de muchos rechazos dolorosos. Hacer reparaciones requiere constancia, la orientación de un padrino y la gracia de Dios. Los tiempos de Dios suelen ser misteriosos, pero perfectos.

En cierto modo, me alegro de que haya tomado tanto reconstruir la relación con mi padre, porque durante ese tiempo me he convertido en una persona de la que él puede sentirse orgulloso. He tenido cinco años para aprender a ser una buena hija y un buen ejemplo. Rezo para que él lo vea. Sin embargo, esta reunión con mi padre no se trata de mí. Daré un paso al costado y dejaré que mi hijo conozca a su abuelo. Dejaré que disfruten de ese momento. Lo más importante es que mi hijo tenga otro miembro de la familia que lo ame.

Kristin S.
Fullerton, California

## Una reparación difícil

Septiembre de 2021

Recientemente cumplí 60 años y, un mes después, celebré mi 32.º aniversario en AA. Si bien mi recuperación ha sido bastante estable, hace aproximadamente un mes recibí una muy mala noticia en un correo electrónico de mi primo que vive en Long Island, Nueva York.

Un hombre que conocía desde mi infancia había fallecido. Lloré cuando leí sobre su fallecimiento. Se llamaba Leon. Le había hecho reparaciones cuando llevaba apenas unos años sobrio. Su recuerdo me hizo pensar en el peor día de mi vida.

Tenía solo 6 años cuando conocí a Leon. Mis padres se habían divorciado cuando yo tenía 2 años. Una noche, mi madre me dijo que salía a una cita. Me dijo que nuestra vecina iba a cuidarme mientras ella estaba fuera. "Si llega un hombre mientras me preparo", me dijo, "déjalo entrar".

Cuando sonó el timbre, yo estaba sentado frente al televisor y me levanté de un salto para abrir la puerta. Había un hombre de pie. "Me llamo Leon", dijo. Preguntó si mi madre estaba disponible. Le dije que se estaba arreglando y le pregunté si iba a ser mi nuevo papá.

Más tarde supe que Leon era viudo. Su esposa había fallecido dos años antes. La cita que tuvieron aquella noche debió de ser todo un éxito, porque, un año más tarde, Leon y mi madre se casaron. Estuvieron juntos ocho años. Durante ese período, me convertí en un alcohólico empedernido. Cuando me enteré de que se iban a divorciar, me invadió una ira alcohólica.

Una noche, llegué a casa muy tarde y totalmente borracho. Leon estaba ahí cuando entré tambaleándome. Empecé a gritarle. Se negó a hablar conmigo mientras estuviera borracho y me dijo que me fuera a mi habitación a dormir la mona. Me fui furioso. Cuando llegué a mi habitación, tomé un cuchillo de caza de mi armario y volví lleno de ira a confrontar a Leon. Una vez más, se negó a hablar conmigo y me dio la espalda. Estaba tan borracho que había perdido mi sano juicio. Levanté el cuchillo y lo apuñalé por la espalda. Cuando saqué el cuchillo, él lanzó un horrible grito de dolor, un sonido que nunca olvidaré.

En lugar de caer muerto al piso, Leon se dio la vuelta y empezó a darme puñetazos. Uno de ellos me dio en la cara y caí al piso, donde me golpeé la cabeza con algo y perdí el conocimiento. Cuando recuperé el conocimiento, había un policía de pie junto a mí. Me habían esposado y me habían inmovilizado las piernas.

Leon asistió a mi juicio en el tribunal de menores. Cuando terminó el juicio, me declararon culpable de intento de homicidio. Mientras el juez leía la sentencia, me informó que se habían hecho los trámites necesarios para que viviera con mi padre biológico en Japón. En menos de una semana, estaba sentado en un avión.

Durante los siguientes 13 años, mi alcoholismo fue de mal en peor. A los 28 años, llegué borracho a mi primera reunión de AA. Por la gracia de Dios y el programa de AA, no he vuelto a beber desde aquella primera reunión.

Luego de varios años de sobriedad, envié una solicitud de ingreso para la facultad de Derecho y me aceptaron. Varios meses antes de mudarme para comenzar la facultad de Derecho, mi padrino me dijo que antes de ir a la facultad, debía viajar de regreso a Nueva York para hacer las reparaciones a Leon. Hasta ese momento, había hecho muchas reparaciones, pero no a Leon.

Al cabo de un mes, estaba viajando en avión rumbo a Nueva York. Cuando llegué, alquilé un auto y conduje hasta el negocio de Leon. Llegué ahí sobre las 11:00 de la mañana. Me senté en el auto paralizado por el miedo. No pude entrar. En lugar de eso, me dirigí a una reunión de AA que había al mediodía en la ciudad. Cuando entré, la secretaria se acercó y me preguntó si era un recién llegado. Le dije que no era un recién llegado y que venía de California. La secretaria me preguntó si me gustaría coordinar la reunión. Le dije que sí.

Conté mi historia y admití ante el grupo por qué estaba allí. Expliqué que hasta ese momento no había logrado hacer las reparaciones.

Luego de la reunión, una pareja de ancianos me agradeció por haber hablado. El hombre dijo que a él y a su esposa les encantaría acompañarme de regreso al negocio de León para darme apoyo moral en mi reparación.

Fuimos en cada uno de nuestros autos hasta el negocio de León. Cuando salimos de los autos, me dijeron que me esperarían. Con el aliento de la pareja, ingresé por la puerta principal. Le dije a la secretaria mi nombre y que me gustaría hablar con Leon, si era posible. Ella entró a su oficina.

Yo me quedé de pie paralizado por el miedo. Cuando se abrió la puerta de la oficina, pensé que me iba a dar un infarto. No había visto a Leon en 18 años. De repente, apareció por la puerta. Me miró de arriba abajo, luego se acercó y me abrazó fuerte, con un abrazo de oso. Rompí a llorar y parecía que no podía parar. Luego entramos a su oficina, nos sentamos y empecé a hablar. Conversamos durante casi dos horas. Sentí que me liberaba de años de carga emocional.

Cuando me fui de su oficina, sentí un alivio difícil de describir. La pareja de AA había estado esperando afuera todo ese tiempo. Les conté lo que había sucedido, les di las gracias y nos despedimos.

En los años siguientes, me mantuve en contacto con Leon. La redención que recibí le dio un significado nuevo a mi programa de AA, que ha resistido el paso del tiempo. Estoy muy agradecido por las bendiciones que recibí a través de este programa. Ahora, cuando pienso en Leon, tengo un recuerdo maravilloso.

Bob K.
Benicia, California

## Si no está clavado

Marzo de 2013

Si bien mi carrera como bebedora solo duró cinco años, mi conducta alcohólica había sido tal que tenía una lista muy larga de personas a las que debía hacer reparaciones. Al principio me sentí realmente desesperanzada al respecto. Pensaba que había hecho semejante desastre de mi vida que era imposible arreglarla. No obstante, comencé el proceso de reparaciones, empezando por mi familia y luego siguiendo por mi lista. Cada reparación que hacía me daba un poco más de esperanza de que tal vez mi vida pudiera cambiar.

Mi madrina me ayudó a decidir cuáles eran las reparaciones que debía hacer directamente y cuáles podrían ser perjudiciales para otras personas. También me disuadió de hacer reparaciones de cosas que ella no consideraba que fueran daños que yo hubiera causado. Una de esas cosas que, según ella, no necesitaba reparaciones era el daño que causé al centro de tratamiento para adolescentes en el que había encontrado la sobriedad. Me sentía terriblemente culpable porque cuando me marché, me llevé muchas cosas del centro. Robé cosas pequeñas, como libros, pero también cosas más grandes, como una lámpara y un edredón, y prácticamente cualquier cosa que me gustara y que no estuviera clavada al piso. Además, el centro iba a cerrar, y pensé que era mejor llevármelas para dárselas a alguien que las necesitara (¡yo!) que dejarlas para que la corporación matriz las reubicara en otros centros. De hecho, un empleado contrariado me había ayudado a cargar las pertenencias en mi auto.

Mi madrina pensaba que si el centro cerraba al momento de mi salida, no se podía considerar un robo. Sin embargo, me sentí culpable porque el centro volvió a abrir unos meses más tarde. Mi madrina me repetía que tenía que pasar la página, pero no me parecía bien. Sin duda, estaba viviendo mi vida de otra manera, pero a pesar de la opinión de mi madrina sobre el hecho, simplemente no podía dejarlo pasar. Finalmente le dije que haría las reparaciones de todos modos, y llamé al centro para preguntar qué necesitaban. No estaba en condiciones económicas de hacer una enorme reparación monetaria, pero pensé que podía empezar comprándoles ropa de cama o donando ropa para los residentes, que a veces llegan con lo puesto.

La mujer que contestó el teléfono había trabajado allí cuando yo era residente y estaba encantada de escucharme. Le alegró saber que seguía sobria y que me iba bien. Le conté por qué llamaba —lo que había hecho años atrás y lo que quería hacer al respecto—. Me dijo que no necesitaban cosas, pero sí voluntarios. Al parecer, un grupo pequeño de miembros locales de AA que había estado organizando reuniones en el centro, había dejado de asistir y, dado que las instalaciones estaban cerradas, eso significaba que los residentes ya no podían concurrir a ninguna reunión de AA. Me preguntó si estaría dispuesta a hablar con mis amigos de AA y organizar reuniones periódicas.

Al principio, me pareció un pedido excesivo. Yo vivía a casi dos horas de distancia. Y, si bien estaba conectada con AA en mi comunidad local, no conocía a mucha gente en el distrito donde se encontraba el centro de tratamiento. Sin embargo, hablé con algunos de mis contactos locales, en particular con otros jóvenes, y encontré varios miembros que realmente querían hacerlo. Así que me comprometí a hacerlo con ellos y empezamos a reunirnos los sábados por la noche en el centro.

En ocasiones, llegábamos temprano y cenábamos con los residentes, y casi siempre nos quedábamos después a pasar un rato. Fue un gran compromiso y una forma maravillosa de hacer una reparación viva. Mantuve este compromiso hasta que me mudé del área.

Lo mejor de esta reparación es que ahora, cuando pienso en el centro, no me siento para nada culpable. Recuerdo a los chicos, las reuniones y el servicio —no los objetos robados que llevaba en el maletero del auto—.

Karen P.
Franklin, New Hampshire

## Nadando con mamá

Febrero de 2017

Me senté frente a mi madrina, Ginny, en un restaurante ubicado en la esquina de 23rd Street y 9th Avenue de la ciudad de Nueva York. Recité mi lista del Octavo Paso de personas a las que había dañado y a las que tenía que hacerles reparaciones.

Repasamos la lista una por una. Cuando dije "Mi madre", se me llenaron los ojos de lágrimas. Intenté contenerlas, pero una lágrima rodó por mi mejilla. Rápidamente la sequé. Ginny nunca emitió una sola palabra. "¿Cómo podría hacerle reparaciones?", le pregunté. "Está muerta".

Ginny me dijo que escribiera una carta, fuera a su tumba y se la leyera en voz alta. Así que fui hasta Nueva Jersey y le dije algunas cosas en voz alta junto a su tumba. Conmigo estaba mi hermana. Lloramos las dos, pero algo no cuadraba. No sentía la presencia de mamá allí.

Pensé en aquellos momentos en los que realmente recordaba haber estado con ella. Entonces vino a mi mente una vez que estábamos nadando en Florida. En aquel entonces todavía no estaba enferma, o al menos nosotros aún no nos habíamos dado cuenta de que lo estaba. Tampoco sabíamos el poco tiempo que nos quedaba con ella.

En mi recuerdo, vi sus grandes ojos azules y su largo cabello rubio y húmedo. La vi nadando, con su brazada lateral. Me vino a la memoria el crepúsculo y que el agua estaba tan tibia como la de un baño de inmersión. Una paz absoluta. No sabía que sería la última vez que nadaría con mi madre antes de que falleciera.

Habíamos estado nadando en la playa cerca de Balboa Street, en Hollywood, Florida, que estaba cerca de lo que una vez había sido nuestro hogar. Vivimos allí cuando mis hijos eran muy pequeños, cuando yo era muy joven. Decidí que volvería a la playa cerca de Balboa Street para hacer las reparaciones.

Así que volé hacia Ft. Lauderdale. Me reuní con Troy, un amigo que conocí en Nueva York, que ahora vivía en Florida. Fui a una reunión de AA que me recomendó. Le dije que había ido allí para hacer reparaciones a mi madre. Asistí a otras reuniones. Fui a la playa y exploré el lugar donde había vivido antes. Parecía que había pasado toda una vida. Ahora el lugar era muy diferente. Yo también era diferente. Estaba sobria. Me mantuve tan ocupada mientras estuve allí, que perdí la noción del tiempo. Una noche, cené con Troy y un grupo de amigos de AA. "¿Has hecho las reparaciones?", me preguntó. Le respondí que aún no.

A la mañana siguiente, temprano, me dirigí hacia Hollywood Beach. Sentí la presencia de mamá mientras conducía por Dania Beach Boulevard, que habíamos recorrido tantas veces. Sentí su presencia con tanta intensidad que volteé hacia el asiento del pasajero para ver si estaba allí. Recordé que cuando recorríamos esa calle, era esa época del año en la que los cangrejos cruzan la carretera. Estaban por todas partes. Por más que intentábamos evitarlos, oíamos el "crujido" cuando pasábamos por arriba de alguno. Me reí y lloré al recordarlo.

Esta había sido "nuestra playa". Ahora había un gran complejo de apartamentos que daba a lo que antes era una hermosa playa. Recordaba ver allí a las personas que volaban cometas y a las que practicaban buceo. Recordé a mamá intentando volar una cometa con mis hijos. En aquel entonces solo había playa y océano. Ahora era puro ladrillo y cemento. La casa en la que vivíamos había desaparecido: se la había "tragado" el avance del océano. Aquella mañana lloviznaba y estaba sola. Éramos solo el océano y yo. ¿O no estábamos solos?

Sentí que mi madre estaba allí conmigo de alguna manera mientras caminaba entre las olas. Eran suaves y cálidas. Lloré y le dije a mi madre lo mucho que lamentaba haberme emborrachado y cruzarme delante de un auto en aquella calle (algo que no recordaba en ese momento). Le dije lo mucho que lamentaba haber dejado a mis hijos con ella para poder emborracharme y luego pedir aventones para ir a comprar drogas. Le dije que también le agradecía por haber estado siempre ahí para mí, durante todas las rehabilitaciones y estadías en psiquiátricos (que fueron muchas). Incluso vino a California para cuidar de mis hijos cuando yo estuve en esos lugares. Dios me bendijo con una madre que me amaba borracha o sobria y que amaba a mis hijos más que a los propios.

Lloré y mis lágrimas se mezclaron con las olas. Grité tan fuerte como quise y mi grito se fundió con el sonido del océano hasta que fue lo único que pude escuchar. Caminé de regreso a la orilla entre las olas y le escribí una carta. Luego volví a meterme en las olas, tan profundo como pude. Solté la carta en el océano. La vi alejarse flotando, arrastrada por las olas.

Mi madre nunca me abandonó. Y jamás dejó de amarme. Fue, y siempre será, mi mejor amiga.

Romee D.
New York, New York

## La ruta desde Reno

Septiembre de 2014

Al despegar el avión, mi padre me preguntó: "¿Te molesta si uso estos dos cupones para tragos gratis en este vuelo?". No los iba a beber, pero eran gratis y él era un hombre ahorrativo. Yo llevaba sobrio apenas dos años y lo último que quería era poner en peligro mi sobriedad. En mi primer aniversario de AA, le preguntó a mi padrino: "¿Cuánto le debo?". Era la única forma que tenía de dar las gracias. No somos ricos en absoluto, y yo había vivido solo durante más de 20 años, pero él estaba agradecido por lo que AA había hecho por mí y por mi familia.

Este viaje formaba parte del proceso de reparación a mis padres. Mi madre me había pedido que le ayudara a traer un auto desde Reno, Nevada. Lo había comprado de la herencia de su hermano. Obviamente, le dije que sí. Mi esposa me dio su permiso para ir, pues sabía que tenía que hacerlo (agradezco a Dios por Al-Anon).

En Reno todo gira en torno a los casinos. La esposa de mi tío era parte de un grupo de señoras mayores que desayunaban en el casino, regresaban para almorzar y, luego de una siesta, volvían para cenar y jugar un poco al Keno. Así que tuve que pasar bastante tiempo en el casino. Para mi sorpresa, nunca se me cruzó la idea de beber.

Escapé de las tentaciones de la "ciudad pequeña más grande del mundo" y regresamos por tierra a nuestra ciudad natal, Memphis, Tennessee, en el auto nuevo de mi madre. Fue un viaje largo y yo conduje la mayor parte del tiempo. Era lo mínimo que podía hacer por mis padres; después de todo, me habían rescatado una y otra vez. Incluso les pedía que ingresaran comida de contrabando durante los fines de semana mientras estaba en la granja penal, o como yo la llamaba cariñosamente, el "Club de campo del condado de Shelby", donde cumplí una condena de uno a tres años por delitos relacionados con mi alcoholismo. En otras palabras, les debía mucho más de lo que jamás podría pagarles conduciendo desde Reno hasta Memphis.

Mi padre y yo habíamos tenido esas conversaciones directas y sinceras sobre lo que yo había hecho y cómo podía hacer lo correcto. Ambos habíamos admitido nuestras faltas y yo había hecho lo necesario para limpiar mi lado de la calle. Por supuesto, para él lo más importante era que me mantuviera sobrio. Y yo estaba muy agradecido de haberlo conseguido.

Mientras volvíamos de Reno, mi padre y yo íbamos en los asientos delanteros y mi madre atrás. Todo iba sobre ruedas. La vida era bella. Yo había hablado con mi esposa y mi hijo, que se habían quedado en casa, y ambos esperaban ansiosos mi regreso, todo gracias a la nueva oportunidad que me había dado AA. Cuando la conversación que sucedía en los asientos delanteros se centró en el pasado, pensé que tal vez era el momento adecuado para tener una charla directa y sincera con mi madre sobre todas mis fallas y fechorías pasadas, para aclarar las cosas, por decirlo de alguna manera. Parecía ser la oportunidad perfecta para "reparar directamente el daño que le había causado", así que comencé a contar ciertos detalles de mis transgresiones pasadas y le dije que, si pudiera, volvería el tiempo atrás y haría las cosas de otra forma. Agregué cuánto me arrepentía de haber hecho aquellas cosas.

Entonces miré por el espejo y vi la mirada en sus ojos. Inmediatamente supe que traer a la luz esas cosas le hacía rememorar aquellos días oscuros de las décadas previas a mi llegada a AA. Podía ver el dolor que le estaba causando al recordar aquellos momentos en los que no sabía si su bebé estaba vivo o muerto. Sin mencionar la vez que su hijo menor fue condenado a pasar tiempo en la penitenciaría estatal por los delitos que había cometido bajo los efectos del alcohol. ¿Y tenía que hacerle acordar la vez que trajo a mis dos hijos de mi primer matrimonio a visitarme en Navidad dentro del gimnasio de esa penitenciaría? Esas eran solo un puñado de algunas de las situaciones que la había obligado a soportar. Comprendí inmediatamente que no tenía derecho a sacar a relucir esos recuerdos dolorosos. Al intentar rectificar los errores de mi pasado, le estaba causando más dolor.

Gracias a Dios por el buen apadrinamiento, ya que Jack y yo habíamos hablado del Noveno Paso y de lo que dice sobre hacer "reparaciones directas" a las personas, "excepto cuando el hacerlo implicaba perjuicio para ellas o para otros". La regla de oro es: ser duros con nosotros y considerados con los demás. Ya no tengo derecho a hacerles daño a esas personas, y tengo que llevar esa carga sobre mis propios hombros.

Con mi madre he continuado con esas reparaciones sirviéndola de todas las formas posibles. Durante muchos años, la llamaba todos los días y la visitaba cada vez que necesitaba algo, o simplemente cuando pensaba que podía ayudarla de alguna manera, incluso cuando ella no me lo pedía. Antes de que mi padre falleciera hace unos años, pude ayudar a mi madre a cuidarlo y a organizar el funeral, como debe hacer un buen hijo. Y gracias a haberle hecho reparaciones, quedé "en paz" con él y pude despedirme sin remordimientos.

Tres años más tarde, cuando mi madre enfermó, también estuve ahí para ella. El resultado fue que decidió que no tenía que vivir sola. Finalmente, accedió a que construyera un ala en la parte trasera de mi casa para ella y la sacara de su antiguo barrio. No tengo derecho a quitarle su independencia para satisfacer mi necesidad de saber que está bien cuidada. Excepto por el lavadero, que compartimos, el acceso a su departamento es completamente independiente. Mi madre tiene su propio ingreso a un área con jardín y cantero, por lo tanto puede dedicarse a la jardinería que tanto le gusta. Su casa tiene muchas ventanas por donde ingresa abundante luz para que pueda pintar.

Algunos compañeros usan el término hacer "reparaciones vivas" cuando no se puede tener una de esas conversaciones directas y sinceras. Pero, realmente, ¿acaso el verdadero espíritu de la reparación directa no es cambiar la forma en que hacemos las cosas? Nunca podré deshacer mi pasado, pero no tengo que seguir siendo atormentado por ello si simplemente sigo el camino que otros recorrieron antes que yo.

Don A.
Germantown, Tennessee

## Amar a un padre

Junio de 2023

No fui de los que llegan una vez y se quedan. Me tomó tiempo asimilar el programa. Necesité un año asistiendo casi a diario a reuniones de AA, una quinta condena por conducir bajo los efectos del alcohol (DWI), 28 días en un centro de tratamiento y media docena de fichas de principiante. Solo entonces tomé en serio el hecho de mantenerme sobrio y disponerme a trabajar los Pasos.

Trabajé mis primeros cinco Pasos cuando estaba en tratamiento y salí con un plan para trabajar los Pasos, desde el Sexto al Noveno. Mi primer padrino me enseñó a trabajar el Décimo, el Undécimo y el Duodécimo Paso diariamente, y he comenzado cada día de sobriedad con mi "desayuno espiritual".

Ahora me resulta fácil ver que gran parte de mi dificultad para dejar de beber era mi incapacidad de reconocerme como un alcohólico. Cuando tenía 5 años, un día al anochecer, mi padre y yo salimos a dar una vuelta en auto. Yo iba en el asiento del pasajero. De repente, cruzó el brazo derecho por delante de mi cara, señaló hacia la ventanilla y gritó: "¡Eso es un alcohólico!". Lo dijo con todo el disgusto y desprecio que un hombre puede sentir por otro. Miré hacia fuera y vi a un hombre que tenía puesto un impermeable, tirado en la alcantarilla, debajo de un puente, con el brazo extendido sosteniendo una bolsa de papel de la que sobresalía el cuello de una botella. Esa imagen seguía siendo mi definición de alcohólico cuando entré en las salas de AA a los 43 años.

De adulto, usaba traje y corbata para ir al trabajo y era un directivo de rango intermedio muy bien remunerado del departamento de desarrollo empresarial de la compañía más prestigiosa de nuestra ciudad. Según yo lo veía, era imposible que pudiera ser como aquel hombre que había visto debajo del puente. Pero sabía que algo no estaba bien. Me llevó un año de reuniones de AA y el estudio de la literatura de AA para darme cuenta de quién era y cambiar mi definición de alcohólico. "La opinión del médico" en el Libro Grande fue especialmente significativa. Allí, el Dr. Silkworth observó que el alcohólico tiene una obsesión de la mente que le genera una necesidad imperiosa de beber, junto con un deseo incontrolable de beber aún más. Con esa definición, me vi fácilmente reflejado en mis acciones y motivaciones durante 23 años de mi vida.

Al igual que muchos hijos, tenía una relación difícil con mi padre. Deseaba desesperadamente su aprobación y parecía que nunca la conseguía. Era un atleta bastante bueno, una "estrella" del baloncesto en la escuela secundaria y la universidad. Mi padre no asistió a ningún partido de la secundaria y solo vio uno de mis partidos de la universidad. Una vez, cuando encesté ocho de 10 tiros desde la línea de tiros libres, mi padre me preguntó cómo era posible que fallara dos tiros desde solo 4.5 metros de distancia sin tener ni una defensa al lado.

Con el tiempo, acumulé mucho resentimiento hacia él porque en ocasiones me hacía sentir inferior. No podía ver que, a su manera, probablemente solo estaba tratando de empujarme a ser lo mejor que pudiera ser.

Cuando logré estar sobrio, mi padre bebía a diario. A los 74 años, su vida era siempre igual, como en la película "Atrapado en el tiempo". Al mediodía, recorría seis manzanas hasta una taberna local para ver y discutir con sus amigos y emborracharse con un vaso de 250 ml de cerveza de barril. Después de regresar a casa y dormir la borrachera, repetía el proceso a media tarde y lo volvía a hacer por la noche. Al día siguiente se levantaba y hacía lo mismo.

Este es el mismo hombre que era cocinero de comida rápida cuando nací. Ahorró dinero y, finalmente, abrió su propio restaurante, donde trabajaba 12 horas al día, seis días a la semana, 50 semanas al año, año tras año, con el objetivo principal de pagarnos la universidad a mí y a mis dos hermanas.

A los dos meses de sobriedad, pude organizar un viaje de negocios desde mi hogar en Carolina del Norte hacia la región norte del estado de Nueva York, con la oportunidad de visitar a mis padres. Antes de partir, fui a mi reunión diaria de AA a última hora de la tarde. Cuando el coordinador pidió hablar de un tema, me lancé a hablar sobre mi intención de hacer este viaje y lograr que mi padre encontrara la sobriedad. Resultó ser una reunión bastante interesante. En un momento dado, mi padrino dijo: "Apenas puedes mantenerte sobrio y vas a molestar a ese pobre hombre". Más adelante durante la reunión, una señora que llevaba mucho tiempo de sobriedad dijo: "Apuesto a que tienes que hacerle reparaciones a ese hombre".

Luego de la reunión, mi padrino me llevó aparte y me preguntó: "¿Realmente quieres que deje la bebida?". Le respondí que sí. Y agregó: "¿Estás dispuesto a rezar para que él experimente el dolor profundo que se requiere para que alguien entre en nuestras salas?". Le dije que no creía poder hacerlo. "Entonces ve allá y ámalo", me dijo. Cuando le dije a mi padrino que no sabía cómo hacerlo, me respondió: "Entonces reza para descubrir cómo".

Volé hasta el pequeño aeropuerto de Binghamton, en Nueva York, donde mi padre me recogió. Su auto estaba estacionado en un zona de un solo sentido, donde no se podía estacionar, apuntando en dirección contraria, y había tres policías que lo estaban vigilando. El maltrecho auto de mi padre tenía tantas abolladuras que algunas de ellas habían arreglado otras. Le dije que sacaría el auto de ahí e, increíblemente, la policía nos dejó ir.

Condujimos hasta la casa donde crecí. Mi padre sabía que recientemente había estado en tratamiento, pero cuando nos sentamos a la mesa de la cocina, fue hasta el refrigerador, tomó una cerveza y la puso delante de mí. No me enfadé. Solo dije: "No, gracias. Estoy intentando no beber".

Empezamos a hablar y yo rezaba para aprender a amarlo. De repente, lo comprendí: estaba allí para hacer el Noveno Paso con él, y ahora sabía cómo hacer las reparaciones. Hasta ese momento, nunca me había dado cuenta de que él siempre había estado ahí para mí, incluso cuando yo no quería que estuviera. Y lo peor de todo es que yo había dado por sentado todo su apoyo y orientación y nunca le había agradecido nada. Gracias a su esfuerzo, me había pagado cinco años de estudios en una de las universidades más caras de nuestro país. Nos brindó apoyo mí y a mi esposa cuando no teníamos dinero porque nos casamos estando en la universidad. E incluso después de graduarme, me sacó de más apuros de los que puedo recordar.

Ahora, a un día de terminar mi visita, finalmente comprendí que, de una forma u otra, él fue responsable de crear las oportunidades para todos los éxitos que he disfrutado en mi vida. Nos sentamos y le di las gracias por todo lo que había hecho por mí.

Después de un momento, dijo: "Richard, mañana quiero quedarme contigo todo el día, y no beberé". Pasamos el día siguiente juntos. Durante la cena, me di cuenta de que, sin alcohol, mi padre temblaba mucho. Era sábado y fuimos a la misa de la tarde en la iglesia de mi juventud. Había poca gente y nos sentamos en un banco solos. Como siempre, casi al final de la misa, nos levantamos, nos tomamos de las manos y recitamos el Padrenuestro. Yo tenía 45 años y mi padre 74, pero me sentía como un niño pequeño agarrado de la mano de mi héroe. Por primera vez desde mi infancia, estaba completamente en paz con mi padre. Sentía verdadero amor por él. Me sentía como si estuviera en la cima del mundo.

Finalicé mi viaje de negocios y volé de regreso a casa en Carolina del Norte. Tres semanas más tarde, recibí una llamada telefónica en la que me informaron que mi padre había fallecido mientras dormía. En su funeral no pude parar de llorar. No hay palabras que puedan describir mi gratitud hacia las personas y el programa de AA que me guiaron a través de mi Noveno Paso con mi padre cuando yo solo llevaba dos meses sobrio.

Por la gracia de Dios, llevo más de 32 años sobrio. Y, al igual que a tantos otros, AA me ha dado una vida increíblemente buena. Con frecuencia, me pregunto si la razón por la que mi padre nunca llegó a AA fue porque jamás tuvo ayuda para comprender la verdadera definición de alcohólico.

Dick H.
Winston-Salem, North Carolina

## ¡Qué camino!

Septiembre de 2018

Dirijo un pequeño club de fanáticos de las montañas rusas y un año, nuestro grupo planificó un viaje a California. Durante el viaje teníamos un día libre, así que, como hacía varios años que no veía a mi hermano, lo llamé y le sugerí que pasáramos el día solos en Disneylandia.

Esa mañana, mi hermano llegó a mi hotel. Desayunamos rápido y caminamos cuatro manzanas hasta el parque. Nos subimos a muchísimas de las atracciones memorables y disfrutamos de la compañía del otro. Mientras esperábamos para subir a una atracción, decidimos sentarnos y charlar un rato.

Mientras conversábamos, saqué a relucir el único tema que todavía le molestaba de nuestra vida cuando vivíamos con nuestros padres. Una vez le había contado a mi madre algo muy personal sobre mi hermano. En una visita anterior a California, había hecho reparaciones con él en relación con esto, pero todavía me molestaba. Podía ver que a él también le provocaba tensión el tema.

Mi hermano quería saber por qué le había revelado esa información a mi madre y por qué nunca lo había admitido en el pasado. Mientras estaba allí sentado hablando, se me cruzó un pensamiento por la mente ¡Es muy posible que estuviera en estado de inconsciencia por el alcohol cuando le conté esa información a nuestra madre! Y se lo dije.

De repente, los ojos de mi hermano se iluminaron. Ahora entendía que yo no había estado mintiendo todos estos años. No lo recordaba.

Después, mi hermano me agradeció y entonces cambió de tema para hablar de sus acciones. Habló de cómo no había estado ahí para mí. Empezó a enumerar las veces en las que no había sido un buen hermano mayor. Luego me pidió que lo entendiera.

"¡Guau!", exclamé. "Si no te conociera bien, juraría que estás haciendo reparaciones del Noveno Paso. Me miró a los ojos y afirmó: "Así es". Luego me dijo que llevaba tres años sobrio. No tenía ni idea.

Después de eso, nuestra conversación fue mucho más fácil. Ese día salimos de Disneylandia con la conciencia tranquila.

Dios siempre sabe cuándo es el momento apropiado para las cosas y no había un momento más adecuado que este. Mi hermano falleció menos de un año después. Qué maravillosa bendición es la recuperación. Estoy muy contento de que tengamos este programa que nos permite sanar nuestra vida.

Sam M.
Alexandria, Virginia

## Una reparación muy extraña

Febrero de 2017

Anoche, después de hacer reparaciones directas a alguien a quien había estado evitando durante cuatro años, tuve un accidente de auto a 90 km/h. Por suerte no me pasó nada.

El policía que acudió al lugar me preguntó si quería subir a su patrulla para mantenerme abrigada. Mi primer pensamiento fue "¡Claro que no!". Sin embargo, respondí: "Sí, gracias!". Me llevó hasta su patrulla, apartó unos equipos en la parte trasera para que pudiera entrar y agregó: "Si necesitas algo, tienes que golpear la ventanilla porque no se abre desde adentro". Pensé "Ya lo creo. Lo sé muy bien. Tú y yo estamos de regreso".

Mientras estaba sentada en la parte trasera del patrullero, recibí un mensaje de texto de esa amiga con la que había estado sentada cara a cara hacía apenas 30 minutos. Había estado en su sala de estar, reconociendo mi egoísmo, y las dos estábamos llorando lágrimas de sanación juntas. Antes de irme de su casa, le dije que si había algo que recordara que le hubiese hecho daño y sobre lo que no hubiéramos hablado, que no dudara en decírmelo. Quería saberlo para poder arreglar las cosas.

Así que ahí estaba, sentada en la parte trasera de esa patrulla, recibiendo un mensaje de ella donde me preguntaba por las mentiras que había dicho. Me preguntaba cuál era la verdad. Levanté la vista por encima del tablero de patrullero. Miré hacia donde había ocurrido el accidente y pensé "¿Estoy dispuesta a llegar hasta donde sea para lograr la libertad?".

Entonces le respondí. No cambié de tema. No mencioné el accidente. No lo utilicé como excusa para evadirla y hacer que sintiera lástima por mí. No mentí. Le dije la verdad. Lo asumí. Me enfrenté a la realidad de mi pasado, sentada allí, en medio de mi presente, y respondí a sus preguntas.

Pronto llegó mi novio a recogerme y el oficial de policía abrió la puerta de la patrulla. Le agradecí por mantenerme abrigada. Pensé "Me están dejando salir de la patrulla de policía. Menuda historia para el lugar de donde vengo".

Después de pagar el alquiler de este mes, solo me quedarán $40 en mi cuenta corriente. No tengo ni idea de lo que pasará después. Ahora mismo no tengo auto. Pero lo que creo y siento con el corazón es esto: nada, absolutamente nada, puede afectar la paz y la serenidad que hay en mí. Nada puede afectar las Promesas que recibo por estar dispuesta a hacer las reparaciones del Noveno Paso. Ni siquiera un accidente de auto ni la pérdida de cosas materiales.

Ahora son las 11 de la mañana del día siguiente y estoy sentada a la mesa de mi cocina llorando porque estoy muy agradecida de que Dios me haya traído hasta aquí. Estoy sobria. Y hoy soy una amiga buena y honesta. Qué curioso cómo funciona la sanación.

Katie S.
West Bend, Wisconsin

# DÉCIMO PASO

Continuamos haciendo nuestro inventario personal y cuando nos equivocábamos lo admitíamos inmediatamente.

*Un inventario personal (que debe realizarse lo antes posible) se puede utilizar en todos los ámbitos de la vida —en el hogar, en el trabajo, con los amigos— para rectificar errores y corregir equivocaciones, con el doble objetivo de no permitir que la culpa o la ira empeoren y mejorar nuestras relaciones con los demás. En "El verano del amor", Karen W. describe un momento que vivió hace años cuando era principiante, cuando vio al coordinador de una reunión disculparse públicamente con un indigente por haber sido descortés con él después de que este tomara unas galletas de la mesa de refrescos de AA. "Ese incidente ocurrió hace casi 25 años", escribe, "pero jamás se me he olvidado el recuerdo de esa reparación". Las historias de este capítulo ilustran la importancia de poder sanar nuestras vidas a través de la honestidad y la franqueza, "día tras día", como escribe Bill W. en* Doce Pasos y Doce Tradiciones, *"en cualquier circunstancia".*

## Aunque la verdad duela

Octubre de 2019

Hace unos años, cuando llevaba solo unos meses sobrio, me enfrenté a una situación que la mayoría de los padres han vivido. En esta ocasión, mi hija mayor se había metido en el peor lío en el que se puede meter una niña de 9 años: mentir.

Naturalmente, como padre preocupado, me enfurecí al saber que mi hija adorada nos había estado mintiendo a su madre y a mí sobre sus tareas escolares. No fue hasta que recibí una carta de su maestra y encontré las tareas faltantes escondidas en su mochila, que supe con certeza que había estado siendo deshonesta con nosotros hacía bastante tiempo, incluso cuando le preguntábamos si había hecho sus tareas.

Estaba devastado. Mi hija inocente, amorosa y atenta, con la que comparto un día especial (mi día de sobriedad coincide con su cumpleaños), había mentido.

Mi esposa y yo estábamos muy enojados y nos cuestionábamos en qué más nos había mentido. Nos preguntábamos si esto era solo el comienzo del problema. Yo me preguntaba cómo afectaría esto mi relación con mi hija. Todas estas eran cosas sobre las que debería haber hablado con mi padrino, si hubiera tenido el sentido común de llamarlo. Pero tenía la certeza de que podría manejarlo sin su ayuda.

Entonces, sin consultar a nadie, ni a mi esposa ni a mi padrino, decidí "encargarme del asunto". ¡Oh, claro que lo hice!

Mientras llevaba a mi hija al colegio al día siguiente, procedí a criticar sus acciones y le advertí de las graves consecuencias que tendría por mentir. Después de todo el recorrido en auto echándole en cara mi ira, me di cuenta de que estábamos llegando a la escuela unos 10 minutos tarde porque no podía dejar de insistir en lo horrible que había sido su conducta. Mi hija, con la cabeza gacha por la vergüenza, salió del auto humillada. Pensé que había ganado. Ella jamás lo volvería a hacer.

La vi entrar en la escuela y, por el vidrio del vestíbulo, vi que la secretaria de la escuela la había detenido. Era evidente que mi hija estaba recibiendo otra reprimenda, solo que esta vez no era de mi parte.

Bueno, no estaba dispuesto a tolerarlo. Estacioné el auto, entré a la escuela y vi que le decían a mi hija que no podía ingresar tarde a la escuela sin una nota de los padres explicando su retraso.

"No se preocupe", le dije. "Hemos tenido un pequeño problema con el auto". Sin pensar en lo que estaba haciendo, había mentido frente a mi hija. Ella me miró con sus grandes ojos marrones y me sentí perdido. En ese momento, deseé que la tierra me tragara. Salí de la escuela avergonzado.

Más tarde regresé a casa y le conté a mi esposa lo que había pasado. Ella sonrió y me dijo que quizá debería pedirle disculpas a mi hija. También hablé con mi padrino, que se rio y señaló que tal vez debería haberle pedido consejo primero, y no después de haber hecho el daño. Agregó que el incidente era algo que yo nunca olvidaría. Es posible que tuviera razón al enfadarme, dijo. Puede ser que también tuviera razón al hablar con ella, pero cometí un terrible error al avergonzarla. Fue el amor de mi esposa y mi hija lo que me llevó de regreso a las reuniones de AA. Mi padrino me señaló todas las mentiras que había dicho mientras bebía. También señaló que quizá el motivo por el que me enfadé tanto por la falta de honestidad de Kylie era, en parte, porque me recordó a mí mismo.

Colgué el teléfono y enseguida le pedí disculpas a mi esposa por todas las veces que fui deshonesto. Luego fui a recoger a mi hija a la escuela y le pedí disculpas por haber mentido. Nos prometimos mutuamente no volver a mentir jamás, aunque la verdad duela. Me dijo que había descubierto algo sobre la vida. Que la verdad puede doler un momento, pero una mentira duele por siempre.

Ese día aprendí mucho sobre mi hija y también aprendí mucho sobre mí. Ese fue uno de los mejores días de mi sobriedad.

Kevin M.
Winchester, Virginia

# El botón de pausa

Octubre de 2016

Hace poco fui de vacaciones a un lugar precioso, se asemejaba a un paraíso. Y, a pesar de lo bonito que era el entorno, me vi obligada a practicar el Décimo Paso no una, sino dos veces. Primero, tuve que pedirle disculpas a una mujer que no conocía para nada porque fui bastante grosera con ella apenas llegué. Estaba hablando con el organizador del viaje sobre el hecho de que me habían asignado la habitación equivocada. Esta mujer se unió a la conversación. Como no teníamos ni idea de quién era, le dije con sarcasmo: "¿Y usted quién es?". Respondió rápidamente que era la esposa del organizador. Luego se marchó enfadada, diciéndole a su marido que lo vería luego.

En ese momento no le tomé importancia. Mi objetivo era conseguir la habitación adecuada, porque ese viaje no se trataba de otra cosa más que de mí. Eran mis vacaciones.

Pero a medida que avanzaba el día, mi conducta me pesaba cada vez más. No me gustó lo que vi ni lo que sentí que hacía. Esa noche vi que la mujer estaba sola, esperando a que comenzara la reunión. Respiré hondo y practiqué mi Décimo Paso.

Le recordé quién era, lo cual resultó ser innecesario. Se acordaba perfectamente quién era yo. Le pedí disculpas por mi conducta grosera de antes. Su rostro cambió por completo, al igual que su actitud, y me dijo que mi pedido de disculpas significaba mucho para ella. En ese momento, me di cuenta de que realmente había herido sus sentimientos. ¿Quién iba a imaginar que tenía tanto poder sobre una desconocida? Pero las palabras pueden herir tanto a amigos como a desconocidos.

Pensando que ahora todo estaba bien, le tendí la mano. Y pregunté: "¿Amigas entonces?". A lo que ella respondió, tras una larga pausa: "Es un comienzo". Eso era todo lo que podía pedir.

La segunda oportunidad que creé para el Décimo Paso tuvo lugar en el aeropuerto, de regreso a casa. El viaje fue caluroso y frenético desde el principio. Cuando llegamos a nuestra conexión de vuelo, todos estaban con los nervios de punta.

Había dos mujeres delante de mí en el mostrador de aduanas, pero las interrumpí para hacerle una breve pregunta al agente de aduanas. Es que se trata solo de mí, ¿no? Las mujeres se ofendieron por mi interrupción. Les respondí con malicia: "¿Y qué?".

Esta vez me sentí mal inmediatamente. Aun así, seguí caminando. Pero, ¿quién lo hubiera sabido? Nos volvimos a encontrar en la cola para nuestro vuelo de conexión. Les pedí disculpas; ellas las aceptaron amablemente y empezamos a hablar como si fuéramos viejas amigas.

Para mí, el Décimo Paso tiene dos partes. Primero, me pregunto si estaba equivocada. En los tiempos en que bebía, las palabras "cuando nos equivocábamos lo admitíamos inmediatamente" me resultaban completamente ajenas. Incluso podrían haber estado escritas en otro idioma. Mi reacción habitual cuando me equivocaba era lanzar palabras de enojo y culpar a cualquier otra persona menos a mí misma. Era una forma que tenía de desahogarme cuando estaba bajo presión. Ahora, en sobriedad, me doy cuenta de que hay mejores formas de desahogarse.

En segundo lugar, admito que me equivoqué. Cuando era una bebedora activa, jamás me equivocaba. En sobriedad, me doy cuenta de que en ocasiones me equivoco, y no es el fin del mundo. Esta reparación puede ser complicada porque nunca estoy segura de cómo reaccionará la persona ante una disculpa. ¿Será amable y me disculpará como las mujeres del aeropuerto? ¿Será implacable y fría? He decidido que realmente no importa cómo reaccione la persona. Al pedir disculpas mi parte está hecha. Es todo lo que puedo hacer.

Puedo racionalizar mi manera de dejar de sentir la necesidad de hacer el Décimo Paso. Es fácil justificar una conducta que fue hiriente, errónea, deshonesta o inapropiada. Pero si tengo que racionalizar mi conducta, es muy probable que sea necesario pedir disculpas.

Puedo intentar justificar mis acciones diciendo que tenía buenas razones para hacer lo que hice. Puedo decir que la persona se lo merecía. Pero ¿realmente importan mis motivos y razones para lo que hice cuando sé que mis acciones han herido a alguien? Si le piso el dedo del pie a alguien y le pido disculpas, el dedo le sigue doliendo y necesita atención.

Cuando admito inmediatamente que me equivoqué, me ayudo a sentirme mejor al no quedarme rumiando la culpa ni sufrir el dolor del retraso. Evito que el error que cometí ocupe espacio en mi cabeza y me deprima.

Al practicar el Paso Diez, aprendo una conducta que puede evitar la necesidad de futuras disculpas. Empiezo a desarrollar un botón de pausa, por así decirlo, que me permite detenerme un momento entre el pensamiento y la acción o las palabras.

Después de ver cuánto cambió el rostro de esa mujer aquel día, creo que hay magia en el Paso Diez, para todas las personas involucradas.

Dorothy G.
Staten Island, New York

## La mentira por omisión

Octubre de 2022

La conversación sobre las reparaciones a otras personas e instituciones puede ubicarnos en una "zona gris" en la que muchos en AA parecen pensar que hacer reparaciones queda abierto a la interpretación personal. Entonces, hay que plantearse lo siguiente: ¿Dónde se ubica uno en el vacío entre la interpretación personal y los tecnicismos morales?

He estado en muchas reuniones en las que alguien, después de escuchar lo anterior, vocifera en un tono provocador: "¡No hay lugar para no aceptar las sugerencias de este programa!".

Llevaba poco más de 18 meses sobrio cuando besé a una mujer que no era mi novia. El beso se sintió como muchos sorbos lentos que daba cuando bebía: vacío, lleno de vergüenza y a un paso del entumecimiento moral. Inmediatamente después de salir de esa situación, pedí ayuda. Hablé con mi padrino y con otros hombres a quienes respeto en el programa. Sus respuestas se dividieron en dos bandos. Los del primero dijeron: "Este es un programa de rigurosa honestidad", y los del segundo: "Una ley rige a todas las demás: no causar daño".

Las preguntas que surgieron en mi mente fueron "¿Entras en esa categoría de personas que son constitucionalmente incapaces de ser honestas o quieres hacerle aún más daño a tu novia confesándote?". La respuesta a ambas preguntas era "No".

Estas preguntas planteaban otras adicionales. ¿No se lo iba a contar porque no quería hacerle daño o porque mi ego quería una conciencia tranquila? En el segundo caso, parecía egoísta, pero planteaba una cuestión de motivación.

Dejando de lado mis preguntas, tenía claro que el miedo dominaba por completo mi pensamiento. Tenía miedo de que mi novia me dejara si le contaba lo que había hecho. Al mismo tiempo, temía que no contárselo me llevara por la pendiente resbaladiza de las mentiras piadosas que solían llevarme a beber.

¿Una mentira por omisión significa que no estoy viviendo los principios del programa? ¿Significa que tengo que hacer otro inventario sexual? ¿Soy adicto al sexo? ¿Acababa de destruir esta relación, como había hecho con tantas otras en el pasado?

Si en este momento estás confundido o dudas de tu postura original sobre el tema, debes saber que no estás solo. Yo me sentía igual.

En definitiva, decidí no contárselo a mi novia. En los meses siguientes, nuestro amor mutuo siguió creciendo y yo me mantuve sobrio. Pensé que todo este incidente había sido una lección sobre reparaciones vivas. Desde luego, no volví a hacer nada parecido. Sin embargo, mi Poder Superior tenía otros planes.

Unos cuatro meses después del hecho, la mujer a la que había besado se puso en contacto con mi novia a través de las redes sociales y le contó lo que había pasado, afirmando que si hubiera sabido que estábamos saliendo, nunca lo hubiera hecho.

Cuando me confrontó con el mensaje, le admití a mi novia lo que había hecho y le dije que no se lo había contado porque no quería lastimarla, una excusa vacía del valor de un tigre de papel. Sin embargo, lo que sucedió después de que lo admitiera esa noche fue una experiencia espiritual que nunca olvidaré.

Mi novia y yo no nos hablamos durante una semana para calmarnos. Pasé la semana sin dormir. Mi mente me despertaba a las 3:00 a. m. con sentimientos de autodesprecio, depresión y miedo a que ella me dejara.

Me preguntaba si alguna vez podría tener una relación sin destruirla. Asistía a las reuniones e intentaba escuchar, pero estaba tan distraído que ninguna perla de sabiduría entraba en mí.

Sabía que no quería ser un mujeriego ni alguien que traicionara la confianza de mi pareja. Recé por ello. Me dije a mí mismo que estaba dispuesto a hacer lo que fuera necesario para resolverlo. Acudí a un terapeuta por primera vez en mi vida. Cinco días después, recibí un mensaje de mi novia pidiéndome que nos encontráramos en un restaurante para hablar. El lugar que eligió para reunirnos era donde habíamos tenido una de nuestras primeras citas.

Antes de la reunión, volví a hablar con hombres a los que respetaba y con mi padrino sobre lo que debía decir. Era plenamente consciente de que podía ser el final, un nuevo comienzo o algo intermedio. Lo que esperaba era simplemente estar abierto a aceptar lo que fuera que sucediera. Ambos nos veíamos agotados luego de una semana de turbulencias emocionales y falta de sueño.

¿Yo quería que todo volviera a ser como antes? No. ¿Quería que ella olvidara lo que había pasado? No. ¿Esperaba ella que yo fuera un santo? No. ¿Estaba abierto a la consecuencia? Sí.

Lo que pasó fue algo tan simple y sin embargo tan profundo que desearía que le pasara a todo el mundo que está atravesando por el proceso de reparaciones.

Durante nuestra conversación, a cada uno de nosotros se nos escaparon lágrimas en múltiples ocasiones. Las lágrimas brotaban cuando hablamos con sinceridad sobre lo mucho que nos queríamos, sobre cómo no queríamos que nuestra historia terminara y sobre cuáles podrían ser los siguientes pasos. Todavía queda mucho por reconstruir en cuanto al contacto físico, la confianza y la transparencia, pero estoy dispuesto a trabajar para mejorar la situación.

Espero tener más conversaciones de una sola lágrima.

Chris S.
Arlington, Virginia

## El verano del amor

Octubre de 2013

Una de las mejores cosas de dejar de beber en San Francisco es la amplia variedad de reuniones entre las que puede elegir un novato. Durante mi primer año de sobriedad, solía tomar el autobús e ir a una reunión en el distrito de Sunset, caminar hasta el Presidio para asistir a una reunión de mujeres o pedirle a mi madrina que me llevara en auto para unirme a los madrugadores en la reunión de las 7 a. m. en el distrito de Mission.

Un día estaba en la sala de reuniones de una clínica de Haight Ashbury. La reunión contó con una gran asistencia y, de alguna manera, 40 o 50 personas lograron apretujarse en un espacio muy pequeño lleno de sillas plegables muy incómodas. La puerta de la sala de reuniones daba directamente a la esquina de Haight y Ashbury. El barrio es conocido por sus pintorescos personajes: hippies, gente de la calle, músicos, artistas, turistas y drogadictos. Junto a la puerta principal había una gran cafetera y una bandeja con galletas, y las sillas plegables estaban colocadas orientadas hacia la pared opuesta. Esto permitía a la persona que coordinaba la reunión ver claramente la puerta y a los participantes que entraban y salían.

Las personas que asistían a la reunión representaban la diversidad por la que la ciudad es tan famosa. Una abuela tejía en un rincón, un adolescente tatuado con su monopatín en la mano descansaba en primera fila y un empresario chino con traje a rayas estaba sentado a mi lado en la fila del medio. La persona que coordinaba la reunión era un hombre de mediana edad que llevaba poco tiempo en el programa. Su entusiasmo por AA era contagioso. Antes de que comenzara la reunión, pensaba en lo mucho que me gustaba vivir en un lugar que acogía a toda la humanidad.

Uno de los veteranos sugirió la gratitud como tema. Los compartimientos pasaron tranquilamente de un miembro a otro, pero la persona que coordinaba la reunión se estaba poniendo visiblemente nerviosa. Eché un vistazo al fondo de la sala y descubrí el origen de su malestar. Un hombre de aspecto extraño, de unos veinte años, entraba y salía por la puerta. El joven indigente —vestido con una extraña combinación de overol, camiseta teñida y un vestido que no le quedaba bien— entraba, se servía una taza de café, le añadía una gran cantidad de azúcar, tomaba unas galletas y luego se marchaba. Por su apariencia y conducta, era obvio que padecía una enfermedad mental.

Finalmente, el coordinador de la reunión se hartó de las acciones del joven. "¡Lárgate de aquí y no vuelvas!", le gritó el coordinador al intruso. "¡Quién te crees que eres para beber nuestro café y comer nuestras galletas!". El joven dejó el café y se marchó. La sala estaba en silencio. La mujer mayor dejó de tejer y dijo: "Soy Joan y soy alcohólica". Contó una historia sobre una vez que coordinaba una reunión y tuvo que lidiar con una persona que mostraba una conducta inusual. Su mensaje era claro: en una reunión abierta, siempre que una persona no esté provocando disturbios, debemos ser tolerantes con aquellos menos afortunados que nosotros. Uno por uno, los demás asistentes a la reunión hicieron eco del mensaje de aceptación y amor de Joan.

Nadie le señaló al coordinador que se había equivocado al reprender al indigente. Cada asistente simplemente contó una historia personal sobre cómo había manejado una situación similar.

El coordinador entendió el mensaje. Detuvo la reunión y dijo: "Un momento, por favor". Salió, buscó al joven y lo trajo de vuelta a la reunión. Miró al joven indigente directamente a los ojos, que parecía bastante avergonzado y en voz baja le dijo: "Siento haberte gritado. Me equivoqué. Déjame servirte una taza de café".

Ese incidente ocurrió hace casi 25 años, pero jamás se me ha olvidado el recuerdo de esa reparación y del poder del grupo compartiendo su experiencia, fortaleza, unidad y esperanza.

Karen W.
Anderson, Indiana

## Control en la I-94

Octubre de 2020

Teníamos que estar en la fiesta de cumpleaños en solo unos minutos. Casi siempre llegábamos tarde a las fiestas, pero a esta teníamos que llegar temprano porque éramos los anfitriones. No había visto las indicaciones de mi GPS para llegar al lugar del festejo hasta que ya estábamos en el auto. "Gire a la derecha al salir de la interestatal", anunció, o eso creí.

"Fíjense en los números de las calles", dije dirigiéndome a los pasajeros del auto: las niñas de cuarto grado y mi hijo de 8 años Silas, con espectro autista. Él estaba sufriendo la sobreestimulación auditiva acumulada de viajar en un auto lleno de niñas de cuarto grado.

Tardamos más de medio kilómetro en ver un número de calle: 1360. Buscábamos el 524. "¿Cuánto falta para llegar?", gritó una de las niñas. "¡Esto es aburrido!".

"Probablemente esté a unos dos kilómetros y medio", respondí. "Entonces, como unos veinte minutos, ¿no?", preguntó ella. "Como tres minutos", dije, y todas las demás niñas se rieron. Me sentí levemente superior a todo el mundo durante medio segundo, hasta que vi otro número de calle, el 1548, y otro más, el 1560. Los números aumentaban en vez de disminuir. Sentí una frustración, ira, insuficiencia y miedo instantáneos. Mi ritmo cardíaco aumentó. En voz baja, murmuré: "¡Vamos en sentido contrario, [m___]!".

"¿Acabas de decir la palabra que empieza con "M"?", preguntó mi hija Sarah, atónita y asombrada. "Bueno...", dije entre dientes. Pensé en mentir, una reacción instintiva que el "viejo Andy" solía hacer. Pero en su lugar, confesé. "Se supone que nadie debía escuchar eso", agregué.

"Mi papá acaba de decir la palabra que empieza con "M". ¡En un auto lleno de niños pequeños!", anunció Sarah a todo volumen. "Es mi cumpleaños número 10, todos mis mejores amigos están acá y mi papá acaba de decir la palabra que empieza con "M". ¡Es el mejor día de mi vida!".

"Una vez dije esa palabra que empieza con "M" en clase", anunció la niña aburrida. Pensé "¿Solo una vez?".

Sin embargo, esta vez no pude disfrutar de esa sensación de superioridad porque estaba demasiado ocupado imaginando cómo se arruinaría la fiesta ahora que, de repente, íbamos retrasados. No ayudaba que Silas estuviera empezando a tener una crisis debido a la sobreestimulación, y no había nada que pudiera hacer en ese momento para ayudarlo. Por si fuera poco, estaba muy decepcionado conmigo mismo porque mi hija me había escuchado maldecir.

Entonces, justo en ese momento, recibí la notificación de un mensaje de texto. Me detuve. Era un mensaje de mi hermano: "Ya estoy acá", decía. "¿Dónde estás?".

"Me equivoqué de sentido en la 94", le respondí con un texto. "¡Oh, Dios mío!", escribió como respuesta. Y luego llegó otro: "¿Estás bien?", seguido de: "¿Te equivocaste al girar o de sentido?".

"Al girar", escribí como respuesta. Y, de alguna manera, en el giro en "U" pude detenerme y experimentar cierta perspectiva. Cierta gratitud. Cierta aceptación. Hacer un buen autoinventario externo sobre cuál era realmente mi situación actual. Me di cuenta de que estaba en el auto con mi hija y mi hijo en un día muy especial. Ella estaba con sus mejores amigas. En el lugar de la fiesta habría más amigos esperándola.

Mi esposa Tiffany llegaría al lugar antes que yo, para registrarse, preparar todo y recibir a los invitados. Ella había trabajado un montón para que esta fiesta saliera bien. Nosotros aún llegaríamos a la fiesta a la hora prevista, solo que no llegaríamos temprano como habíamos planificado.

Silas se libraría del ruido en unos minutos y, en general, cada vez se desenvuelve mejor. En las reuniones entre padres y maestros de la semana anterior, un pequeño grupo de educadores me dijo que a Silas le iba tan bien en la escuela que iban a reevaluarlo para ver si necesitaba algún servicio especial.

Mi hija se sorprendió tanto al escucharme maldecir entre dientes que, de alguna manera, eso le alegró el día. No recordaba que el "viejo Andy", el Andy bebedor, solía maldecir a todo volumen todo el tiempo. Ahora estoy sobrio y la sobriedad es mi estado normal; el "viejo Andy" casi nunca aparece.

Y lo más importante es que este frustrante desvío solo resultó ser un simple giro equivocado, no algo más grave. Tampoco era que conduje este auto con mis hijos y los hijos de otras personas directo hacia el tráfico en sentido contrario. Podía estar muy, muy agradecido por eso.

El ayer ya es historia. El mañana es un misterio. Todo lo que tenemos es el presente. Después de hacer hoy ese inventario de control y decidir cómo proceder, determiné que Sarah tenía razón: hoy era el mejor día de todos. Porque ambos decidimos que así sea y orientamos nuestras actitudes en consecuencia.

Lo que he aprendido en AA es que todos nosotros, cada día, tenemos el poder de hacer que hoy sea el mejor o el peor día de nuestra vida. Sentado aquí al final del día —sí, hoy ha sido un día largo—, yo diría que ha sido desafiante. Tuvo algunos momentos negativos. Podría haber hecho más y podría haberlo hecho mejor. Pero, en definitiva, comparándolo con mi propia historia y dejando que el misterio del mañana se desvanezca en las sombras, donde pertenece, hoy ha sido el mejor día. Mañana será aún mejor.

Las cosas que hacemos afectan a los demás. Al recoger a su hija de la fiesta, uno de los padres se acercó a Tiffany y le dio las gracias por invitarla. Acababan de mudarse aquí. La niña era nueva en la escuela y estaba un poco deprimida, desanimada. Sentía que no tenía amigos. Cuando recibió la invitación de Sarah para la fiesta, recuperó la esperanza y un sano orgullo. Fue a la fiesta y lo pasó muy bien.

Y todos nosotros lo pasamos mejor porque ella estaba allí.

Ahora que estoy sobrio, la vida es como una calle de doble sentido. Si haces un giro equivocado, solo tienes que dar la vuelta e ir en dirección a tu mejor día.

Andy A.
St. Peters, Missouri

# UNDÉCIMO PASO

Buscamos a través de la oración y la meditación mejorar nuestro contacto consciente con Dios, *como nosotros lo concebimos*, pidiéndole solamente que nos dejase conocer Su voluntad para con nosotros y nos diese la fortaleza para cumplirla.

*Los autores de este capítulo hablan de mejorar la conexión con su Poder Superior a través de prácticas de meditación y de oración que permiten, como escribe el autor anónimo de la historia "Pero yo ya tengo un Dios", "una presencia muy real, poderosa, amorosa [...] que fluye en mí". Y tampoco es necesario sentarse en posición de loto rodeado de velas. En "Dejar que se una el espíritu", Tom W. muestra cómo la meditación puede formar parte de la vida cotidiana, ya sea caminando o lavando los platos. ¿Cuál es el mensaje? "Estar unido en cuerpo, mente y espíritu es algo espiritual; me mantiene sobrio". Estas historias profundizan nuestra comprensión del papel que desempeñan los Poderes Superiores en nuestra propia vida, ayudándonos a comprender la importancia de la oración y la meditación como herramientas valiosas para enriquecer nuestra sobriedad.*

## Dejar que se una el espíritu

Noviembre de 1995

Practicar nuestro Undécimo Paso desarrolla mi capacidad para hacer una cosa a la vez. En las reuniones, en ocasiones la gente se divierte cuando digo eso. Un hombre me dijo: "Eso es ridículo, todo el mundo sabe cómo hacer una cosa a la vez". Más tarde, cuando le pregunté cómo meditaba, me respondió: "No puedo poner en pausa mi mente lo suficiente como para hacerlo". Ese comentario demuestra el propósito de la práctica.

No nací con la mente tranquila que se necesita para meditar. Me esfuerzo para desarrollarla. Mi problema es que soy alcohólico y, como dice el libro *Alcohólicos Anónimos*, "los alcohólicos somos indisciplinados". Por lo tanto, el problema real es la falta de disciplina.

Mi primer padrino me enseñó que no podía esperar a sentirme mejor para trabajar los Pasos. Me dijo: "Debes trabajar los Pasos para sentirte mejor". Y así quedó definido mi trabajo, mi nuevo propósito en la vida.

Cuando decido sentarme en silencio durante veinte minutos, es mi mente alcohólica la que tiene la capacidad de distraerme. La distracción suele hacerse presente en la forma de un pensamiento o una sensación sutil, un tic o un impulso que me dice que deje de meditar y haga otra cosa. La razón por la que medito es para calmar esta mente alcohólica. Llevar a cabo la decisión de permanecer sentado durante 20 minutos, pase lo que pase, es una práctica espiritual.

Con el propósito de la disciplina en mente, y sin tener en cuenta los resultados, tengo un método sencillo que uso para meditar. Permítanme compartirlo.

Antes de adoptar la postura para meditar, programo una alarma por 21 minutos (21 es un número espiritual). A continuación, digo una oración y le pido a Dios, como yo lo concibo, por una conexión clara. Luego, durante 20 minutos dos veces al día (por la mañana y por la noche), me siento en mi lugar tranquilo con la espalda recta, con reverencia por la práctica. Con la barbilla levantada y los ojos cerrados, me concentro en la respiración.

Lo único que existe ahora es la respiración. Cuando los pensamientos entran en mi mente, simplemente los etiqueto como "pensamiento". No los persigo. Al exhalar, digo: "Se acabó".

Esta es mi práctica formal del Undécimo Paso. Sin embargo, soy alcohólico y, cuando algo es bueno, quiero más, así que he aprendido a meditar incluso cuando no estoy sentado en mi práctica formal.

Por ejemplo, mantengo el ritmo con mis pasos cuando camino. Hacer una cosa —caminar— con el cuerpo y prestarle atención a esto con mi mente, le da a mi espíritu la oportunidad de unirse. Cuando presto toda mi atención a lo que estoy haciendo, estoy meditando. Estoy unido —en cuerpo, mente y espíritu— con una unicidad de propósito. Esto me ayuda a calmar mi mente alcohólica.

Otro ejemplo es cuando lavo los platos. Ya no veo la tarea de lavar los platos como algo desagradable. Las veo como una oportunidad para meditar. De hecho, prolongo la tarea. Toco la calidez del agua. Escucho el flujo abundante. Mientras observo cómo se forman las burbujas, siento el amor de Dios. Me concentro en lavar los platos, no en lo que haré a continuación. Lo más importante es lo que tengo frente a mí, ahora mismo.

Un miembro de AA que frecuenta mi grupo base describe la atención plena de esta manera: "Dondequiera que estés, ahí estarás". Del mismo modo: "Cuando camino, camino; cuando lavo los platos, lavo los platos". Te sorprendería la cantidad de oportunidades que se presentan para meditar durante un período de 24 horas. Estar unido en cuerpo, mente y espíritu es algo espiritual; me mantiene sobrio.

Tom W.
Buffalo, New York

# Pero yo ya tengo un Dios

Enero de 2023

Cuando llegué a las puertas de AA, en agosto de 1990, llevaba más de 10 años siendo monja católica romana. A pesar de ello, había tocado fondo. Era absolutamente impotente ante el alcohol y mi vida era más que inmanejable.

Aun así, llegué al programa llena de orgullo, arrogancia y la autosuficiencia de la que escribe Bill W. Vi la palabra "Dios" a lo largo de los Doce Pasos y me sentí arrogantemente satisfecha —al menos ustedes estaban en el camino correcto—. Pensé "Cuento con más de diez años de rigurosa formación religiosa a cuestas. ¿Qué podría enseñarme AA?".

Sin embargo, leí el Libro Grande con avidez y me encontré a mí misma en cada página. Fue un gran alivio saber que no estaba sola, que había otras personas que sentían, pensaban y actuaban como yo. Pero me molestó mucho la sugerencia de Ebby T. a Bill: "¿Por qué no escoges tu propio concepto de Dios?". Para mí, eso tenía un dejo de idolatría. "Uno no puede simplemente crear a Dios", pensaba con superioridad moral.

Me llevó mucho tiempo sincerarme y hacerme una pregunta simple: Si creer en Dios fuera el único requisito para dejar de beber y mantenerme sobria, ¿por qué no me había funcionado?

En mi vida, tenía a Dios por la mañana, al mediodía y por la noche. En mi comunidad religiosa, rezábamos juntos cinco veces al día. Además, teníamos dos períodos de media hora de meditación silenciosa cada día, además de la misa diaria, las lecturas espirituales a la hora de comer y la plegaria en privado. Estaba inmersa en Dios todo el día, todos los días. Entonces, ¿por qué no podía dejar de beber?

La respuesta era muy simple. A pesar de estar inmersa en el concepto de "Dios", para mí Dios no era real. Nunca me había preguntado cuál era la voluntad de Dios para mí. Estaba demasiado ocupada dictándole condiciones a Dios. Sí, había hecho mis votos para toda la vida. En teoría, me había entregado por completo a Dios. La realidad era que no había puesto mi voluntad ni mi vida al cuidado de nada. No había establecido ninguna relación con Dios; no lo conocía ni confiaba en él, y no podía imaginarme cediéndole el control de mi vida a nadie ni a nada, especialmente a algo que no podía ver, oír ni tocar. Luché contra la rendición con cada respiración. "Dios" no funcionaba para mí porque yo no se lo permitía.

De alguna manera, a pesar de mi arrogancia, me mantuve sobria. Renuncié al control solo lo necesario para permitir que este Poder Superior a mí misma eliminara mi obsesión por el alcohol. Con los años, intenté encontrar un Dios, según yo lo concibo, y a mi manera lo conseguí. El hecho de que me mantuviera sobria es para mí un testimonio de la paciencia, del amor y del buen humor de mi Poder Superior.

Un cambio importante se produjo cuando celebré mi 20.º aniversario de sobriedad. No me sentía orgullosa, pero sí profundamente conmovida. Veinte años es mucho tiempo. Cuánto había cambiado, tanto en mí como en el mundo, en veinte años. Sentí como si mi Poder Superior me dijera: "Tienes razón, veinte años es mucho tiempo, pero ahora comenzaremos de nuevo".

Ese momento fue un segundo comienzo para mí en cuanto al establecimiento de una relación con este Poder Superior a mí misma. Por primera vez, me sentí capaz de definir a Dios por mí misma, de elegir realmente mi propia concepción de Dios.

Y comprendí que no estaba "inventando" a Dios. Más bien, estaba entendiendo este poder de una manera muy personal e individual para mí. Dado que mi lengua materna es el inglés, mi Poder Superior no me va a hablar en francés. Del mismo modo, el Dios que yo concibo habla de maneras que están hechas a mi medida: con palabras, símbolos, sucesos, encuentros, de tantas maneras que son inequívocamente y claramente de mi Dios.

Hoy busco mejorar mi contacto consciente con este poder a través de muchas formas diferentes de oración y meditación. He aprendido que puedo transformar cualquier cosa en un "dios", por lo que siempre estoy cambiando mi práctica y mi enfoque. Con esto quiero decir que, si me siento en una determinada posición, enciendo una vela, pongo música suave y luego tengo un momento de revelación, puedo creer que esa conciencia proviene de la vela, la posición y la canción. Así que repito esos rituales externos para intentar asegurarme de que Dios me vuelva a hablar. Olvido que los rituales son solo eso, rituales, y que no son Dios como yo lo concibo.

Así que sigo adelante. Hago muchas cosas: me siento en silencio, camino, hablo en voz alta, leo, uso música contemplativa, buscando mi Poder Superior de muchas formas diferentes. El denominador común es que sigo buscando mantener un contacto consciente.

Ya no soy monja, pero sigo estando eternamente agradecida por los años que pasé en esa vida. Me dieron una base sobre la que sigo construyendo. A lo largo de los años, mi Poder Superior me ha llevado en una dirección que nunca podría haber previsto ni esperado. A través de todo lo que ha sucedido en mi vida, mi relación con Dios, como yo lo concibo, ha crecido y se ha profundizado. Me ha ayudado a superar muchos desafíos y a disfrutar muchas alegrías.

Yo no llamo "Dios" a mi Poder Superior —no necesariamente le asigno un nombre a este ser—. Simplemente es una presencia muy real, poderosa y amorosa. Como dice el Libro Grande, es "un poder nuevo, una paz, una felicidad y un sentido de dirección" que fluye en mí. Simplemente sé que soy amada.

A aquellos que llegaron sintiéndose escépticos, espero que se queden.

Anónimo
Wilsonville, Oregon

## El cielo está llorando

Noviembre de 2021

Cuando me uní a AA hace más de 30 años, la idea de que encontraría un Poder Superior, como yo lo concibo, me parecía improbable. Como ateo, me costaba ver cómo un programa espiritual de recuperación podría aplicarse a mí.

Sin embargo, con el paso de los años, he experimentado un despertar espiritual que me permite mantenerme sobrio y ayudar a otros alcohólicos, especialmente a los ateos, a encontrar el camino hacia la recuperación mediante nuestros Doce Pasos.

Al llegar a AA, sabía que era alcohólico y que mi vida era ingobernable. También sabía que estaba loco, y no solo por mis repetidos intentos fallidos de controlar mi consumo de alcohol. "Las botellas fueron solamente un símbolo", dice el Libro Grande.

Por suerte, me di cuenta de que tener plena conciencia de mi locura me abría una puerta inesperada hacia el Segundo Paso y una fe que me ayudaría a mantener la sobriedad. A medida que asistía a las reuniones, a través de prueba y error, comencé a ver que si enfocaba mi mente en el momento presente, toda mi culpa y vergüenza por el pasado y todas mis esperanzas y temores sobre el futuro pronto se desvanecían. Hacer todo lo posible por permanecer en contacto con mi realidad inmediata me liberó de mi propio encadenamiento. Así es como vivir en el momento presente se convirtió en mi primer Poder Superior. Permanecer en el momento presente me volvió más cuerdo y menos loco. También me ayudó a reconocer que mi Poder Superior podía cambiar de un momento a otro.

El Libro Grande sugiere utilizar el propio grupo de AA como Poder Superior si tenemos problemas con el concepto de "Dios". Mi esposa, que es atea y también miembro de AA desde hace mucho tiempo, considera al grupo de AA su principal Poder Superior. No puede obtener ningún tipo de experiencia espiritual significativa sin asistir a las reuniones. Ella no "usa" al grupo como un Poder Superior; el grupo simplemente funciona así para ella. También reza y medita a diario. Estas son prácticas que, junto con las reuniones, le permiten llevar una vida útil y feliz.

¿Cómo reza un ateo? Yo realizo un proceso mental en el que recuerdo las leyes y principios que más se aplican a mí. Por ejemplo, mi oración del Tercer Paso es esta:

*"He decidido entregar mi voluntad y mi vida a la realidad tal y como es, renunciando a los juicios, las creencias, las expectativas y*

*los deseos de la mente. Que pueda estar cada vez más despierto a la vida que fluye a través de este cuerpo, libre de la creación del yo por parte de la mente, con sus pequeños dramas, gustos, aversiones, trances y delirios, así como sus viajes imaginarios al pasado y al futuro. Que el esfuerzo de concentrar la atención en la realidad aclare mis puntos de vista, intenciones, palabras, acciones y trabajo".*

Incluir "Que pueda" es una forma útil de generar una intención para la realidad de ese momento.

Los alcohólicos en recuperación comparten una enfermedad cerebral mortal que permanece en remisión si nos mantenemos conectados a la energía sanadora y nos ajustamos a ciertos principios. Si tengo un corte en el dedo, puede que no sea suficiente decir: "Que se cure el corte de mi dedo". Ese corte no curará, a menos que establezca las condiciones de acuerdo con los principios de la curación: mantener el corte limpio, no volver a lesionar la zona y ser paciente. La sanación se produce si me ajusto a ciertas leyes.

Considero que el concepto de Dios es una forma de poesía sobre estas leyes. El recurso poético se llama "personificación". Con ello me refiero a asignarle atributos humanos a algo que no es humano. Cuando el gran músico de blues estadounidense Elmore James canta "El cielo está llorando/mira las lágrimas rodar por la calle", está usando la personificación para expresar una experiencia humana fundamental. Para mí, "Dios" es una personificación de las leyes espirituales fundamentales que puedo elegir obedecer o desafiar. A lo largo de los años, he llegado a confiar en que si obedezco estas leyes, puedo mantenerme sobrio y tener una vida razonablemente sana que a menudo es feliz.

Cada mañana, durante mi meditación, pongo deliberadamente mi voluntad y mi vida al cuidado de estas leyes. Rezo para tener la capacidad de reconocer lo que estos principios espirituales me piden hoy y para tener la fuerza necesaria para obedecerlos. A continuación, reconozco todas las formas en las que puedo haber desafiado la ley con mi falso orgullo, mis miedos, mi deshonestidad, mi autoengaño, mi lujuria, mi ira, mi codicia, mi gula, mi pereza y mis celos. Busco dónde aparecieron estos defectos de carácter en mi pasado. Mi sobriedad continua depende de estar atento a mis pasos en falso.

¿Por qué rezaría un ateo? Porque el proceso de decir la oración modifica a la persona que reza. La oración me convierte en una persona diferente, mejor. Un "yo" mejor irradia una energía más positiva y solidaria. De esa manera, mis oraciones parecen tener un impacto en las otras personas. Esto me permite cumplir mejor con mi responsabilidad principal como miembro de AA: "cuando cualquiera, dondequiera extienda su mano pidiendo ayuda, quiero que la mano de AA esté siempre allí".

Joe M.
Los Altos Hills, California

## Confiar en el silencio

Noviembre de 1991

En ocasiones mi fe en un Poder Superior tambalea. Miro a las personas, los lugares y las cosas que me rodean y me pregunto: "¿Esto es realmente lo que tenías pensado para mí? ¿Esto es por lo que dejé de beber? ¿Esto es todo lo que hay?". Y a veces recibo silencio. Es lo justo. De todos modos, suelo hablar más de la cuenta.

¿Quién es Dios? No necesito saberlo. Solo necesito tener fe en un Poder Superior a mí mismo. Lo que importa es lo que funciona, no mi opinión sobre lo que funciona.

Me llevó años darme cuenta de eso, años en los que luché mental y emocionalmente contra la concepción que otras personas tenían de Dios, años en los que solo conseguí sentirme miserable, incómodo o me burlaba cada vez que alguien mencionaba el Tercer o Undécimo Paso. Me llevó un tiempo de sobriedad darme cuenta de que es una pérdida de tiempo hacer el inventario de Dios.

Por lo tanto, no pretendo conocer bien a Dios. Y realmente no pretendo decir que rezo de forma respetable. Digo las palabras "Hágase tu voluntad, no la mía" como si fueran mágicas; como si pudieran ayudarme a dejar de quejarme tanto para que se haga mi voluntad. Mis oraciones suelen ser breves y directas. "¡Ayuda!" es una que uso con frecuencia.

A menudo, en sobriedad, he rezado cuando lo que necesitaba era meditar. Hablo con Dios sin parar, tanto que no le dejo espacio para que me hable. (Lo que practico con las personas, inevitablemente lo practico con Dios). Para mí, meditar es simplemente estar en silencio y escuchar para cambiar. Es sellar mis labios y mi mente, que parlotea incluso cuando tengo la boca cerrada.

La meditación es el camino por el que dejo de estar atrapado en mi propio reciclaje mental de "basura entra, basura sale". Es el camino por el que salgo de la confusión, los problemas, el dolor, la depresión y la frustración que creo en mí y a mi alrededor.

La meditación es cuando aprendo a ser un niño de nuevo. No un niño ruidoso y malcriado, sino uno del tipo que siempre admiré, pero que rara vez fui de niño: tranquilo, sereno, cariñoso, confiado, dispuesto a aprender.

Meditar significa que tengo que estar dispuesto a sentarme solo en silencio y soportar el silencio con paciencia. Significa confiar en el silencio que me rodea por un momento, como si este fuera una respuesta anhelada durante mucho tiempo. Es simple, pero no me resulta fácil. No medito para escuchar la voz de Dios en mi interior, sino simplemente para dejar espacio y tiempo para que la conciencia de algo superior a mí mismo crezca con más fuerza dentro de mí.

Comencé a meditar cuando abandoné mi costumbre infantil de esperar que Dios separara las aguas del Mar Rojo y me salvara de mí mismo una vez más; cuando abandoné mi malcriada rutina de esperar que Dios me mostrara una zarza ardiente para demostrarme que realmente se preocupa por mí.

Practicar la meditación significa abrirme al contacto espiritual antes de que ocurra un desastre, incluso antes de que la necesidad de rezar se convierta en algo desesperadamente obvio. Es el tipo de contacto espiritual con Dios que practico tan temprano en el día que no tengo nada que decirle a Dios ni nada que pedirle en mis oraciones. La meditación es el único momento en el que puedo estar absolutamente seguro de que no estoy actuando por voluntad propia.

Al principio, aunque admitía que no sabía nada sobre cómo meditar, convertí mi ignorancia en un gran caso de confusión personal al leer varios libros sobre meditación e intentar seguir todos los lineamientos que presentaban.

Entonces, afortunadamente, me di cuenta de la simplicidad. Antes de meditar, descubrí que no necesitaba aprender a meditar. Resultó ser una de esas cosas que se aprenden sobre la marcha, al igual que aprender a mantenerse sobrio es parte de mantenerse sobrio un día a la vez. La meditación es algo así como presentarme a un trabajo nuevo que no sé hacer, solo para descubrir que con el simple hecho de presentarme regularmente y hacer lo que se me pide, automáticamente estoy haciendo lo que al principio no sabía hacer y estaba seguro de que nunca podría hacer.

Cuando practico escuchar en las reuniones de AA, aprendo algo que puedo utilizar en mi práctica privada de meditación. Me llevó tiempo aprender a escuchar realmente a los demás en AA, a centrar mi mente únicamente en lo que decía el orador, en lugar de escuchar solo la parte que encajaba con mi manera de pensar. Lo que hago en las reuniones se llama escuchar. Cuando escucho a Dios en silencio, eso se llama meditar. Cuando puedo escuchar en su totalidad lo que tienes que decir sin tener que cambiarlo o criticarlo para que se ajuste a mis expectativas, entonces tengo más posibilidades de poder hacer lo mismo con Dios la próxima vez que rece o medite.

Lo más difícil para mí es escuchar con honestidad cuando le he pedido a Dios en oración que me guíe en relación con una persona, un lugar o una cosa en particular. Tiendo a poner palabras en boca de Dios —las que quiero oír—. Después de años de malinterpretar a Dios, he ideado una prueba simple para comprobar la fiabilidad de la oración: si la respuesta es la que quiero oír, o la que me permite relajarme en mi complacencia, pereza o miedo y dejar que otra persona haga todo el trabajo para resolver mi problema, probablemente no sea la respuesta de Dios. Lo que Dios quiere que haga rara vez es lo que yo quiero hacer.

Por ejemplo, si quiero evadir o abandonar, Dios quiere que me quede y afronte. Si quiero que los demás me comprendan o me acepten, Dios quiere que yo intente comprender o aceptar un poco más a los demás. Si quiero olvidar, Dios quiere que perdone. Si quiero señalar con el dedo a otra persona, Dios quiere que vea mi parte de responsabilidad del caos. Si quiero detestar a alguien por un defecto de carácter irritante que tiene, Dios quiere que vea el mismo defecto en mí.

La meditación no solo me ayuda a escuchar mejor a Dios y a los demás, sino que también me ayuda a ver cómo incluso las pequeñas cosas que hago a diario por los demás me fortalecen en mi capacidad de cooperar con Dios. Porque soy uno de esos alcohólicos obstinados que tuvieron que practicar la cooperación con los demás durante un tiempo para aprender a cooperar con Dios, de modo que "poner al cuidado" pudiera llegar a ser casi tan fácil y automático como no tomar el primer trago.

En el último año, he escuchado más silencio que mensajes de Dios mientras rezaba o meditaba. En esta etapa de mi desarrollo, creo que Dios está tratando de enseñarme algo que no podría aprender de otra manera sobre la paciencia y la confianza. Lo que ahora estoy aprendiendo es cómo aplicar para mí mismo algo de la sabiduría de los nativos americanos que mi padrino compartió conmigo hace más de una década: "Si alguien que tiene hambre acude a ti y le das un pescado, esa persona esperará que le des un pescado cada vez que tenga hambre. Pero si, cuando la persona acude a ti por primera vez, le enseñas a pescar, esa persona nunca volverá a pasar hambre". De este modo, los mensajes que recibo durante la meditación o la oración no son como el pescado que te ofrece Dios. En cambio, los mensajes son como la lección de Dios sobre la pesca.

Todo lo que aprendo durante la meditación se aplica a mi vida, no necesariamente a la de otra persona. Los mensajes suelen ser lo que necesito escuchar en un momento determinado, ya sea que esté de acuerdo o no. Por ejemplo:

Ayúdate ayudando primero a otra persona.
Cuando tengas dudas, guarda silencio.
Crece allí donde te encuentres.

Anónimo

## Al cerrar los ojos

Noviembre de 2015

Sentado cómodamente en una de las tantas sillas acolchadas que formaban un rectángulo mirando hacia dentro, cerré los ojos. Me encontraba en una reunión nocturna de AA en Nueva Orleans, donde había conocido a varios de los más de 60 participantes. Al llegar temprano, había charlado con varios miembros del grupo, desde recién llegados hasta veteranos. Me sentí conectado con la cálida camaradería de este grupo especial. Entonces, alguien atenuó las luces, lo que intensificó más el ambiente acogedor de la sala.

Quedaba algo de tiempo antes de que comenzara la reunión, entonces cerré los ojos e intenté meditar en privado. Además de la brisa fresca del ventilador del techo, el único otro estímulo que experimenté fue el murmurar de las conversaciones. En lugar de intentar eliminar los sonidos de las voces que venían, los dejé entrar a mi mundo de meditación privada. Escuché una mezcla de compartimento felices. No se trataba tanto de una voz en particular, sino más bien de un coro de sonidos humanos. Había momentos en los que predominaban las voces femeninas y en otros las masculinas, y luego todas las voces se mezclaban en una sonata de seres humanos conectando con otros seres humanos. Se volvió rítmica, con sonidos que oscilaban de fuertes a suaves; casi deteniéndose por breves momentos para luego retomar. Instantáneamente me recordó una escena del poema sinfónico de Modest Mussorgsky, Cuadros de una exposición, en la que el compositor describe musicalmente las conversaciones en una galería de arte, incluyendo el momento en que todas las interpretaciones musicales de la conversación se detienen brevemente. Luego, las conversaciones musicales continuaban. Con los ojos aún cerrados, me di cuenta de que estaba siendo testigo de una sinfonía de voces humanas. En ese momento, me sentí sublimemente conectado con mis semejantes.

Esto me pasó a mí, mientras estaba sentado en mi silla, en un trance meditativo, antes de mi reunión de AA. Estaba absorbiendo con dicha la espiritualidad de un compartimiento humano, un tema de estudio maravilloso para una reunión con mis compañeros sobrios.

Tom L.
New Orleans, Louisiana

## Un recordatorio para mí

Noviembre de 2013

No sé ustedes, pero a mí se me debe recordar constantemente que solo puedo controlar dos aspectos de mi vida: mi actitud y mi fecha de sobriedad. Quizá algún día esa idea me resulte tan natural como respirar. Por ahora me resulta tan natural como lo es un pastelillo para un obsesivo de la salud.

Después de bastante tiempo en AA, sé que debo ser algo más que "solo un pasajero en este viaje", pero de vez en cuando grito: "¡Gira a la derecha, Dios!". Creo que sé lo que es mejor para mí y, lo que es aún más loco, ¡en ocasiones incluso creo que sé lo que es mejor para ti!

El Tercer Paso es uno de los que más uso, al igual que el Sexto, el Séptimo y el Undécimo. En ellos hablo con el "conductor", Dios, y le pido indicaciones. Con los años he mejorado, en parte gracias a mi disposición a seguir aprendiendo y a un pequeño truco que aprendí de alguien en una reunión.

Primero, leo mis libros de meditación por la mañana para expulsar mis "demonios del contenedor de basura". Tengo uno junto a mi cama, otro en el baño, otro junto a la cafetera y otro en mi camioneta.

Para asegurarme de mantener un "contacto constante" con mi Poder Superior durante el día, uso notas que me recuerdan que debo buscarlo. En mi camioneta hay una pegatina que dice "Te llevo conmigo", justo debajo de la radio, donde no puedo pasarla por alto. Me ayuda a mejorar mi contacto constante. Y para asegurarme, cuando llego al trabajo, sobre mi escritorio, delante de mi ordenador, hay una nota que dice: "Buenos días, soy Dios. Hoy me encargaré de todos tus problemas e inquietudes. ¡No necesitaré tu ayuda!".

Matt S.
Buffalo Grove, Illinois

## Hazme un instrumento

Noviembre de 2020

Recuerdo cuando mi padrino me asignó una tarea para el Undécimo Paso. Después de repasar el Paso en nuestro libro *Doce Pasos y Doce Tradiciones*, me dijo que leyera la oración del Undécimo Paso diariamente durante 30 días y que elaborara una rutina para la oración y la meditación diarias.

En ese momento llevaba sobrio aproximadamente nueve meses. Estaba atravesando por un divorcio y era subdirector de un centro para la vida en sobriedad, pero no era empleado a tiempo completo.

Durante ese tiempo, visitaba a mis hijos todos los domingos por algunas horas. Casi todas las semanas, mi futura exesposa y yo teníamos una acalorada discusión justo antes de mi visita a los niños, lo que generaba un mal clima que empañaba la visita. Les aclaro que ese mal clima se disipaba rápidamente una vez que mis hijos y yo nos poníamos a charlar, sin embargo, ellos podían sentir la tensión cuando los recogía y los dejaba.

Pero un día, cuando llamé como de costumbre a mi esposa para asegurarme de que todos estábamos de acuerdo con el proceso de traspaso (el momento en que normalmente comenzaba la discusión), ocurrió algo verdaderamente extraño. Sin premeditarlo ni planearlo, le pregunté qué quiso decir con algo que había comentado. No estaba siendo sarcástico; realmente quería entender lo que quiso decir, y ella se dio cuenta de que ciertamente era así. Como se pueden imaginar, ella se mostró un poco escéptica, por lo que fue cautelosa con su respuesta. Le repetí lo que había dicho y le pregunté si eso era lo que quería decir. Ella dijo que sí y yo le dije que estábamos de acuerdo. No discutimos. De hecho, he descubierto que esta técnica funciona bien con la mayoría de las personas la mayor parte del tiempo.

Entonces me di cuenta. La oración del Undécimo Paso se apoderó de mí. La oración dice, en parte: "Dios, concédeme que busque no ser consolado, sino consolar —no ser comprendido, sino comprender—". La lección aquí es que las oraciones deben ir seguidas de acciones. La oración me enseñó a darle a los demás lo que quiero para mí y, así recibiré. Esto es coherente con la mayoría de las cosas en AA. Tenemos que dar para conservar; rezamos para que las personas por las que tenemos resentimiento tengan todo lo que queremos para nosotros mismos y apadrinamos a otros para poder mantenernos sobrios.

Atravesar el divorcio me hizo sentir muy solo, pero asistir a las reuniones de AA me ayudó. Finalmente, asumí el servicio como encargado de dar la bienvenida en el grupo, lo que requería que llegara temprano a las reuniones para recibir a las personas en la puerta. Fue entonces cuando hice otro descubrimiento. Me di cuenta de que ya no me sentía solo después del segundo o tercer apretón de manos.

Mi contacto consciente con Dios es lo más importante en mi vida hoy en día. Nunca estoy solo. Tengo un amigo que me ama absolutamente como soy, pero que tiene el poder y el cariño suficientes para llevarme a cosas mejores, si se lo permito. Mi único dilema es a quién dar las gracias. ¿Le agradezco a Dios por traerme a AA o a AA por mostrarme cómo desarrollar una mejor relación con Dios?

Le dije a un amigo muy querido del programa que sabía que Dios había estado haciendo lo mejor posible para ayudarme, pero que en ocasiones no podía ver exactamente cómo. Finalmente, me di cuenta de que Dios había eliminado todo lo que me distraía (el trabajo, la familia, etc.) para que pudiera concentrarme. Al verme sin nada, estaba desesperado y no tenía donde ir. Entonces, puso a otras personas en mi vida que me guiaron hacia AA. Y fue ahí donde aprendí a comunicarme con Dios cuando "busqué a través de la oración y la meditación, mejorar nuestro contacto consciente con Dios, *como nosotros lo concebimos*, pidiéndole solamente que nos dejase conocer su voluntad para con nosotros y nos diese la fortaleza para cumplirla".

Michael J.
Omaha, Nebraska

# DUODÉCIMO PASO

Habiendo obtenido un despertar espiritual como resultado de estos pasos, tratamos de llevar el mensaje a los alcohólicos y de practicar estos principios en todos nuestros asuntos.

*Los relatos de este capítulo describen las recompensas que experimentan los AA al tender la mano a los alcohólicos que sufren, así como otros AA alguna vez se la tendieron a ellos. La historia "Reacción en cadena" sintetiza el propósito y el significado del Paso Doce, ya que el autor Butch M., describe un encuentro fortuito con el ahijado de un hombre al que había ayudado con el Paso Doce. "No había forma de que pudiera prever que un encuentro entre dos completos desconocidos años antes llevaría a este momento", escribe. "Nunca sabemos a dónde nos llevarán nuestras actividades de Paso Doce y a qué personas hemos de ayudar. Aquí estaba la segunda generación de aquella noche". El Paso Doce tiene un gran impacto: Bill W. describe su "maravillosa energía". Como demuestran las historias recopiladas en este capítulo, no solo llevamos el mensaje de recuperación ayudados por nuestro despertar espiritual, sino que ahora practicamos los principios de AA en cada momento de nuestras vidas.*

## Mi regalo del primer aniversario

Diciembre de 2022

Cuando entré en el Grupo Northland de Austin, Texas, en junio de 1982, no sabía con qué me iba a encontrar. Yo era un tipo duro de Staten Island, totalmente arruinado mental, espiritual y físicamente. Mi tío Abe, que llevaba sobrio 11 años en ese momento, me llevó a mi primera reunión de AA y me dijo que había Doce Pasos sobre la pared. "Lee el Primer Paso", me dijo, "y detente en la palabra alcohol; trabaja en eso". Cuando leí el Paso, exclamé: "¡Oh, no, aquí vamos!", pero seguí su sugerencia.

En mi tercer día sobrio, fui con Abe a una visita de Duodécimo Paso con un borracho empedernido. El tipo estaba muy borracho, y su mujer y sus hijos lloraban. El tipo divagaba. Miré a mi tío y le dije: "¿Qué hacemos acá? Ni siquiera sabe cómo se llama". Mi tío me miró y respondió: "Soy responsable". La conclusión es que Abe tenía los Doce Pasos y yo tenía medio Paso.

A medida que empecé a crecer en AA, un Paso a la vez, mi vida mejoró cada vez más, como me habían dicho. Con el correr del tiempo, realicé cientos de visitas del Duodécimo Paso con mi padrino Roy y otros miembros de nuestro grupo durante mis tres primeros años en Austin.

El mayor regalo que recibí fue en junio de 1983. Roy y yo estábamos sentados en el Grupo Suburban y sonó el teléfono. Respondí  y era una enfermera del hospital del centro de Austin. Me preguntó si podíamos ir a hablar con un hombre que estaba en la sala de emergencias. Se lo conté a Roy y dijo: "¡Vamos!", y luego añadió: "Tú respondiste el teléfono, así que es tu visita del Duodécimo Paso".

De inmediato, ¡me di cuenta de que ese día era mi primer aniversario! Abrumado por la gratitud, fuimos con Roy al hospital y hablamos con el hombre. ¡Guau! ¡Todo lo que había hecho Dios y AA por mí ese año! ¡Una visita del Duodécimo Paso en mi aniversario!.

Siempre intento recordar lo siguiente: nosotros llevamos el mensaje y Dios lo entrega.

Dick H.
Staten Island, New York

## Hasta los huesos

Junio de 2007

Recuerdo despertarme sucio y descompuesto, debajo de un letrero luminoso cerca de un complejo de apartamentos. Veía hombres y mujeres bien vestidos que se subían a sus autos para ir al trabajo. Me miraban con repugnancia y temor. Había momentos en los que me volvía tan paranoico, que me tiraba al suelo cuando pasaban ciertos autos por miedo a que alguien a quien hubiera ofendido la noche anterior me reconociera (no tenía idea de lo que podía haber hecho).

Recuerdo despertarme en camas de desconocidos o en hoteles que no podía permitirme, o en casa por las tardes, los días que se suponía debía estar trabajando. Recuerdo que mezclaba mi café con borbón. Recuerdo que perseguía a mis familiares con ira, incluso con lujuria, y quedarme dormido, una y otra vez, con la barbilla apoyada en el borde del inodoro.

Recuerdo muchas cosas que me dan demasiada vergüenza confesar, incluso de forma anónima. Hay muchas cosas que no recuerdo, pero sí lo suficiente para saber que no quiero volver a ser esa persona.

Mi primera reunión de AA fue hace 26 años. Estaba exhausto, aterrorizado, delgado, avergonzado y dolorido. Un grupo de personas sonrientes me dio la bienvenida. Una persona preguntó si para alguien aquella era su primera reunión y yo levanté la mano temblando. Siguiendo la tradición de AA, convirtieron su reunión habitual en una reunión de Primer Paso y contaron sus historias.

Durante los siguientes tres años, formé parte de un grupo, pero no fui muy fiel. Asistía muy poco. Recibía mucho y no daba tanto a cambio. Solo quería dejar de beber, pero estaba furioso. Conducía como un loco. Discutía muchísimo. Incluso intenté arrojar una cortadora de césped por la casa.

No tomaba, pero no estaba sobrio, y no comprendía la diferencia. Luego me mudé y dejé de asistir a las reuniones regulares. Me aferré a mi libro de 24 horas, y un tío que estaba en AA de vez en cuando me preguntaba cómo estaba; sin embargo, asistí a muy pocas reuniones durante los siguientes nueve años. No bebía, pero no mejoraba.

¿Quieres saber? Gritos, violencia, descargar la ira con los niños, infidelidades, mentiras, remordimientos y soledad, pero con suficiente éxito en el trabajo para engañar a la gente, o al menos eso creía, hasta que dos adolescentes tuvieron el valor de acercarse un día y decirme: "Es obvio que estás enfadado y deprimido, pero te ayudaría pensar cómo te ven las otras personas".

Lo que dijeron me llegó, y casi al mismo tiempo, un amigo, Bill, me llevó a su grupo base de AA a través de un Paso Doce. Eso fue en 1988. Pete, el secretario del grupo, me entregó una copia del Libro Grande y de "Doce y Doce", y me dijo: "Estos son tuyos. Intentamos trabajar los Pasos".

Así que, todos los viernes por la noche me reúno con ellos en una u otra de nuestras casas. Cada dos semanas estudiamos un Paso, analizamos lo que el Libro Grande o el "Doce y Doce" dicen al respecto, y luego compartimos y reflexionamos. La siguiente reunión es sobre un tema a elegir y, normalmente, es un tema de la literatura de Grapevine. Esto significa que cada año repasamos los Pasos dos veces y, créanme, siempre hay algo nuevo, más profundo o más fresco que aprender a medida que nos vamos sintiendo mejor.

¡He llegado a amar los viernes por la noche! Algo sucede durante el "momento de silencio" y la lectura de "Cómo funciona". La sala se llena de paz y serenidad. Estoy en un espacio donde se reconoce, se acepta y se acoge la peor parte de mí, con la fe absoluta de que no tengo que quedarme varado ahí. No engaño a nadie y no querría hacerlo. Se siente bien callarse y escuchar a un líder, aprender que todos estamos juntos en esto, ver cómo los pecados se convierten en historias que ayudan y sanan, cómo la vergüenza se convierte en compasión y la miseria en milagros.

Los compañeros de nuestro grupo se han enfrentado a situaciones difíciles y las han superado con sobriedad: diabetes, cánceres, adicciones y suicidios en sus familias, divorcios, violaciones de seres queridos, pérdidas de empleo, muertes de hijos.

Una y otra vez hemos hablado de cómo el programa se vuelve parte de ti, se mete en cada uno de tus pensamientos, palabras, expresiones faciales y decisiones. Llega una crisis y, de alguna manera, sabes qué hacer. Aprendes que cada momento, cada interacción, es una oportunidad "para practicar estos principios en todos nuestros asuntos". Los Doce Pasos son medicina, recordatorios, práctica y revisión —ideas e inspiraciones repentinas que se esparcen sobre todo lo que hacemos—.

Mucho de lo que nos convirtió en alcohólicos sigue vivo en nosotros sin resolverse, repitiéndose en los mismos viejos patrones, expresándose en la compulsión emocional, la intolerancia, la negatividad, la autosuficiencia, la autocompasión y cosas peores. Es casi como si el programa dijera: "Bien, ya has eliminado el veneno de tu organismo, ahora vamos a trabajar en lo que te llevó a tomarlo". Los Pasos sirven para eso.

Solo al aceptar mi impotencia ante el alcohol comencé a descubrir los poderes que el alcohol había destruido: Dios, la salud, la verdad, el amor, la esencia, la camaradería, el humor, la creatividad e incluso la simple bondad cotidiana.

Recientemente, me dieron una ficha por 26 años de sobriedad. La sostuve hacia la luz, aliviado por no haber bebido en todo ese tiempo, pero humillado por la falta de calidad de vida de muchos de esos días. Sobre todo, sentí gratitud hacia Bill W. y el Dr. Bob; gratitud hacia aquellas personas tan amables de mi primera reunión de AA, y de todas las reuniones posteriores; hacia los alcohólicos que se han tomado el tiempo de trabajar con otros alcohólicos; hacia mi grupo de los viernes por la noche; y gratitud hacia las millones de personas anónimas y desconocidas que han trabajado los Doce Pasos.

Jim L.
Barrington, Illinois

## Reacción en cadena

Diciembre de 2020

Era una noche calurosa y él se asomaba por la ventana baja que se encontraba del otro lado de la sala de reuniones de mi grupo de hombres. Yo llevaba unos años sobrio y todavía estaba en mi etapa de "salvador" de la sobriedad, buscando activamente personas para apadrinar.

Cuando la reunión estaba finalizando y los hombres comenzaron a formar un círculo para la oración final, vi al chico salir por la ventana y desaparecer. Corrí hacia la parte trasera del edificio y lo "intercepté" en el estacionamiento.

Me presenté y le pregunté si esta era su primera reunión, como si no fuera difícil darse cuenta. Me dijo que sí y que se llamaba John. Tenía esa mirada de "ciervo asustado". Me recordó mi primera reunión de AA, cuando no sabía lo que estaba pasando y tenía miedo de todos.

Hice todo lo posible por ayudarle a sentirse más cómodo compartiendo un poco sobre mis primeros años. Empezó a relajarse y le sugerí que fuéramos a charlar mientras tomábamos un café. Me emocioné cuando aceptó mi invitación.

Fuimos a una cafetería y hablamos durante más de una hora. Le conté más cosas sobre mi historia y él me contó un poco sobre la suya. Esa noche no conseguí que me pidiera que fuera su padrino, pero durante las siguientes semanas y meses, lo veía de vez en cuando al otro lado de la sala de reuniones. Nuestras miradas se cruzaban y nos intercambiábamos una sonrisa cálida y cómplice. De vez en cuando hablábamos brevemente. Supe que había conseguido un padrino y había hecho los pasos, lo cual tenía sentido, ya que se le veía más tranquilo y mucho más relajado que cuando nos conocimos. Podía ver que por fin se sentía cómodo en su propia piel.

Unos años más tarde, mi esposa y yo asistimos al aniversario de un intergrupo al norte de nuestra ciudad natal. Todas aquellas personas que no se habían incorporado al comité de planificación con suficiente anticipación terminaron asignadas a un comité de hospitalidad para dar la bienvenida. Había una gran cantidad en la puerta principal y parecía que los buenos deseos no terminarían de expresarse nunca. Uno de esos miembros dando la bienvenida era John. Nos dimos un abrazo muy cálido.

"¿Cuánto tiempo llevas sobrio, John?", le pregunté. "Seis años", respondió. "Te sienta bien", le comenté.

Al año siguiente nos reencontramos en el mismo evento y me alegré mucho de volver a verlo, aunque yo no hubiera tenido mucho que ver en su sobriedad.

Unos años más tarde, en el mismo evento, mi esposa y yo acabábamos de bajarnos del auto en el extremo más alejado del estacionamiento del lugar. Pude divisar a John a lo lejos, todavía desempeñando su mismo rol, dando la bienvenida. Cuando empezamos a cruzar el estacionamiento, un muchacho se acercó a nosotros. Era joven, de unos 20 años, de aspecto pulcro y con una sonrisa confiada. Tenía puesto un traje. Al acercarse, abrió los brazos y me dio la bienvenida con un gran abrazo, diciendo: "Gracias". Nunca había visto a este hombre antes. "¿Por qué?", le pregunté. Lo que dijo a continuación me dejó sin palabras. "Por llevar a mi padrino a tomar un café en su primera noche en AA", respondió. Me quedé allí, mirándolo. "¿Cuánto tiempo llevas sobrio?", le pregunté. "Unos tres años", respondió con una sonrisa.

Jamás hubiese imaginado que el encuentro entre dos completos desconocidos años antes conduciría a este momento. Nunca sabemos a dónde nos llevarán nuestras actividades de Paso Doce y las personas a las que intentamos ayudar. Aquí estaba la segunda generación de aquella noche.

Cuando lanzamos una piedra a un estanque, se forman ondas que parten desde donde esta ingresó al agua. Estas ondas se propagan hacia fuera, alejándose de nosotros. Continúan hasta la orilla opuesta, donde interactúan con las ondas de otra piedra lanzada por alguien a quien quizá nunca conozcamos.

En 1983, un hombre que llevaba 35 días sobrio me introdujo en la cadena de reacción humana que es AA. Nunca conocí al hombre que lo llevó a su primera reunión, pero, en cierto modo, le debo la vida.

Butch M.
Santee, California

## En casa, pero no solo

Diciembre de 2015

De vez en cuando, algunos de nosotros llevamos las reuniones de AA a los miembros que no pueden asistir a sus reuniones habituales porque están confinados en sus hogares, generalmente por motivos médicos. Un día recibimos una solicitud para visitar a un joven, al que llamaré Jimmy, que estaba bajo arresto domiciliario por orden judicial. Esto significaba que podía recibir visitas, pero no podía salir de su casa.

Durante nuestra visita, nos dijo que no sabía casi nada sobre AA y que nunca había asistido a una reunión, pero que creía que podía ser alcohólico. Desde su casa, había encontrado algunas reuniones de AA en línea y había leído partes del Libro Grande, sin embargo, quería hablar directamente con algunos alcohólicos sobrios, por lo que llamó a nuestra Oficina Central para pedir ayuda.

Mientras compartíamos nuestras historias y discutíamos cómo habíamos encontrado una forma nueva para vivir a través de los Pasos, mi mente se desvió hacia aquellos pioneros de AA y cómo se mantuvieron sobrios. Me pregunté si alguien que no podía asistir a una reunión tradicional de AA y no sabía casi nada sobre AA podría recuperarse de ese estado mental y físico desesperanzado mientras permanecía confinado en un par de habitaciones de su casa. Era una especie de prisionero, pero al menos en prisión suelen celebrarse reuniones grupales de AA, algo de lo que este hombre no disponía.

Después de escuchar a Jimmy, era obvio que él sabía que era alcohólico. Estaba claramente desesperado y motivado para cambiar. Pensé en todos los ahijados que había tenido en el pasado y cómo muchos de ellos habían recaído en su enfermedad. Pensé en lo aislado que estaba Jimmy, muy parecido a los solitarios de AA en alta mar. Pero esos solitarios se mantenían sobrios.

Así que pensé: ¿por qué no? ¿Por qué no intentarlo? No se necesita una gran reunión de AA en un club cómodo o en el sótano de una iglesia para transmitir el mensaje. Todo lo que se necesita es una persona que comparta con otra cómo logró mantenerse sobria.

Durante el mes siguiente, Jimmy y yo nos reunimos regularmente. Comenzamos llenando su caja de herramientas con el *Libro Grande, Doce Pasos y Doce Tradiciones, Viviendo sobrio* y *Reflexiones diarias*. Hablamos sobre el significado del círculo y del triángulo. Hablamos de cómo el alcoholismo afecta a la familia, y le comenté que también hay un programa para ayudarles.

Mientras leíamos juntos el Libro Grande, Jimmy hacía el trabajo necesario para completar todos los Pasos. Su Cuarto Paso fue honesto y su Quinto Paso minucioso. Cuando llegó el momento del Noveno Paso, invitó a su familia extendida a su casa para poder hacer reparaciones. El teléfono y el correo electrónico le permitieron ponerse en contacto con otras personas a las que no podía visitar en persona. Comenzó a practicar nuestros rituales de inventario diario, incluyendo la oración y la meditación.

Ser testigo de cómo Jimmy cambiaba a lo largo de su despertar fue la experiencia más gratificante que he tenido en todos mis años en AA. Ver el alivio que sentía al recorrer su camino fue realmente increíble. Su obsesión por beber había desaparecido. Ya no bajaba la cabeza cuando me abría la puerta para dejarme entrar. Dejó de murmurar y de mirar al suelo cuando hablaba. Empezó a tener conversaciones honestas con su mujer y sus hijos. Preguntó cómo podía compartir el mensaje de AA con otras personas, aunque seguía confinado en su casa. Estaba deseando asistir a una reunión pública de AA. Se sintió agradecido por todo lo que tenía, aunque temía lo que le deparara el futuro.

No sé cómo terminará esta historia. Jimmy sigue bajo arresto domiciliario a la espera del juicio. No se le ha dado permiso para asistir a las reuniones de AA, pero ha recibido y aceptado la solución a su problema, y está dispuesto a transmitirla.

En cuanto a mí, todavía se me llenan los ojos de lágrimas al saber que, incluso sin 90 reuniones en 90 días, sin participar en un grupo local, sin colocar sillas, sin preparar café ni levantarse para recibir sus fichas, Jimmy se mantiene sobrio, sin beber y practicando los principios que sugieren nuestros Pasos. Todo esto surgió de dos alcohólicos sentados frente a frente con solo un libro gastado entre ellos y un Poder Superior que les guiaba el camino.

Alex M.
Louisville, Kentucky

## Lloré tanto como él

Diciembre de 2019

Me acerqué al hospital en una cálida tarde con un Libro Grande nuevo en la mano. El libro todavía tenía esa cubierta de papel azul y amarillo que algunos desechamos inmediatamente, para que nadie sepa que somos alcohólicos.

De todos modos, iba a visitar a un muchacho que conocía poco. Soy alcohólico de corazón, así que no sentía exactamente que estuviera yendo por mi propia voluntad. Mi padrino estaba usando sus habituales "trucos mentales de maestro Jedi" para conseguir que hiciera algo que no quería hacer. "Ve a visitar a este muchacho", me dijo. Y así lo hice. Los padrinos son muy listos, ¿verdad?

Yo también soy competitivo por naturaleza, y quería llegar allí antes que cualquiera de los otros muchachos de AA a los que les había enviado un mensaje. Quería ser el primero.

La tediosa verdad es que simplemente era Dios, haciendo su voluntad a través de mí, como de costumbre. Pero rara vez soy lo suficientemente inteligente o humilde para verlo de esa manera, especialmente en el momento. Normalmente me doy cuenta de la presencia de Dios después de los hechos.

No me gustan los hospitales. No me gustan los olores que hay. No me gusta la comida y no me gusta el silencio. Me parece irónico que un lugar tan frío y triste como un hospital me haya proporcionado algunos de los mejores recuerdos de mi vida. Mis dos hijas nacieron en hospitales. Y aunque entonces no lo sabía, fueron los momentos más felices que viviría como un joven padre.

Por entonces, daba por sentada la experiencia de sus nacimientos. Aún no había descubierto AA y no sabía lo revelador que sería para mí ser padre. Seguía atrapado en ideas y temores viejos. Los niños ocupaban un lugar bastante secundario en mi lista de cosas que me importaban. El alcohol siempre era lo primero, seguido de todos los miserables beneficios de una vida llena de ego.

A pesar de todo, no hay ni una sola foto mía en la que esté triste en ninguno de los dos álbumes de bebé, aunque recuerdo estar allí y estar muy preocupado por cualquier cosa que se me pasara por la cabeza. Pero, como dicen, "la preocupación es una forma irónica de esperanza".

Así que, siguiendo las instrucciones de mi padrino, me acerqué a la recepción y una señora mayor muy amable me preguntó adónde necesitaba ir. Le di el nombre de pila del muchacho y un número de habitación. Ella me preguntó educadamente: "¿Sabe el apellido?".

Soy alcohólico. No suelo usar apellidos, sea o no sea miembro de la Comunidad. Incluso mis marcas favoritas de licor solo tenían nombre de pila: Jack, Jim y Johnny. Por supuesto, no iba a decirle eso. Menos mal que saber el número de habitación sirve bastante en un hospital.

Me pregunté qué le diría a este muchacho. Quizás haría lo que hace un mensajero y simplemente le dejaría este ladrillo azul, el Libro Grande, y saldría corriendo. Ni siquiera le haría firmar por él. Simplemente me iría. Le diría que se recuperara y le mencionaría que espero verlo en una reunión. Eso es servicio, ¿no? Pero como dijo mi padrino: "No vas a quebrar a nadie. Solo cuéntale tu historia".

Bien. Si me lo pedía, le contaría mi historia. Pero el tipo estaba en la UCI por culpa del alcohol. Lo último que necesitaba era escucharme hablar de lo maravillosa que es la vida porque la tomo un día a la vez.

Pienso demasiado. Pero hay magia en escuchar una buena historia. Eso es lo que me parece tan sólido de AA. Siempre que estoy en una reunión, no falla. Nunca escucho una mala historia.

Incluso cuando alguien que obviamente todavía está enfermo está sentado en una reunión y diciendo tonterías, si escucho con atención el mensaje de AA está ahí en alguna parte. Sus palabras me recuerdan cómo solía ser, y eso es lo que necesito escuchar para poder pasar el día con gratitud, si Dios quiere.

Lo primero que miro cuando conozco a alguien con 24 horas es sus ojos. ¿Qué tan rojos están? ¿Qué tan grandes son las ojeras? ¿Cuánto han llorado? ¿Qué tan asustados se ven?

Los ojos son verdaderamente las ventanas del alma. Y cada vez que veo a alguien tratando desesperadamente de mantenerse sobrio, ya sea por primera vez o una y otra vez, las ventanas polvorientas están abiertas. Todo, especialmente el miedo, queda al descubierto. Y el reloj no se detiene.

Mi orador favorito de todos los tiempos, el difunto y fabuloso Sandy B., lo expresó perfectamente: "Cuando el ego se resquebraja, solo hay un tiempo limitado para dejar entrar la ayuda espiritual antes de que comience a cerrarse". Tenía toda la razón. La salud física vuelve y el ego convence al alcohólico de que AA no es realmente tan importante. El factor "yo puedo con esto" vuelve solapadamente.

Este tipo sin duda tenía los ojos. Nos abrazamos. Nos sentamos y hablamos. Y casi no me acuerdo de ni una palabra de lo que dijimos.

Lo que me quedó no tiene tanto que ver con las palabras como con los sentimientos, especialmente cuando se trata de trabajar con otro alcohólico. Ese día, lloré tanto como él. Dije "Yo también" tantas veces como él. Y hablé del miedo tanto como él.

Creo que lo que más teníamos en común era el miedo al Cuarto Paso, que tiene que ver con la verdad. No cualquier verdad, sino la verdad. Como me dijo una vez una persona con una adicción de 19 años a la heroína durante el tratamiento: "Rick, tus secretos te matarán".

Fueron los secretos de mi nuevo amigo los que lo llevaron a este hospital. Y mi única sugerencia para él, al igual que mi padrino y tantos otros miembros felices, alegres y libres de AA me sugirieron en innumerables reuniones, era: "Solo sé honesto".

Rezo por mi amigo para que, cuando llegue al Cuarto Paso de nuevo, y espero que sea pronto, encuentre el valor para escribir sus secretos y compartirlos honestamente en un Quinto Paso con su padrino.

No tengo palabras para describir lo que me pasó cuando lo hice por primera vez. Lo único que sé es que mi vida no ha vuelto a ser la misma desde entonces. No siempre ha sido fácil, no obstante ha sido increíble.

No sé qué le depara el futuro. El milagro en mi vida es que este caballero definitivamente estuvo ahí para mí. El poder de AA es recíproco.

Espero poder volver a ver a mi amigo algún día y decirle que tuve otra experiencia espiritual como resultado de nuestro encuentro. Le diría que ese día, y espero que muchos más días por venir, él me ayudó a salvar mi vida.

Esa tarde me fui con la sensación de que, quizá, los hospitales no eran tan malos. Solo tenía que presentarme dispuesto a poner en práctica algunos principios y con una buena intención. Creo que pasaré por allí un poco más a menudo.

Rick T.
Queen Creek, Arizona

# Dentro de Raymondville

Diciembre de 2020

Recientemente, en una reunión de AA en mi área, vi por casualidad el número anual del Grapevine dedicado a las prisiones (julio de 2018), con el titular: "Libres por dentro". Vaya, esas palabras me trajeron muchos recuerdos antiguos y aumentaron mi gratitud una vez más.

Mi marido y yo solíamos viajar desde Canadá a la zona sur de Texas durante los meses de invierno desde 2003 hasta su muerte en 2016. He vuelto allí un par de veces desde que falleció. Descubrí que hay una comunidad de AA increíble en esa parte de Texas.

En diciembre de 2010, estaba sentada en una reunión del distrito en la zona de South Padre Island/Port Isabel, donde escuché a un orador de nombre David decir que se necesitaban miembros para ayudar a llevar las reuniones de AA a la prisión de Willaci, en Raymondville.

Sentí que Dios estaba tocando mi corazón y diciéndome sin lugar a dudas que tenía que ayudar. Me acerqué y le pregunté al orador si creía que una mujer de Canadá podría ayudar. "Averigüémoslo", respondió.

Efectivamente, resultó que sí, podría participar. Al poco tiempo, algunos de nosotros viajamos juntos en auto a Gatesville, Texas, para recibir nuestra capacitación oficial sobre prisiones. Poco después, empecé a ayudar en esa reunión de la prisión, que se llamaba "Libres por dentro".

El trayecto en auto desde South Padre Island a Raymondville es de una hora y media. Tuvimos algunas "reuniones" estupendas antes y después de la reunión de AA, en el camino de ida y vuelta a la prisión.

Cada semana, unos 50 reclusos asistían a la reunión. Durante la semana de Navidad, obtuvimos permiso para llevar comida a la prisión para una celebración especial. Paramos en el camino y compramos leche y varios refrescos, así como todo tipo de deliciosos productos de panadería mexicanos. La leche parecía ser la golosina favorita de los reclusos.

Sin excepción, cada semana los hombres nos agradecían mucho.

Algunos incluso nos decían "Dios los bendiga" cuando nos íbamos. El capellán de la prisión nos dijo que había notado una gran diferencia en la actitud y la participación de los hombres en las demás actividades habituales de la prisión después de que asistían a las reuniones de AA.

Uno de los mayores impactos de realizar este tipo de servicio para mí fue el aumento de mi propia gratitud. Esa gratitud comenzaba con el sonido de las puertas cerrándose detrás de nosotros cuando ingresábamos y de nuevo cuando salíamos. Ese sonido cuando estábamos afuera de nuevo era mi propia sensación especial de "libertad en el exterior".

Siempre estaré agradecida por esos años en Raymondville.

Helaine D.
Sudbury, Ontario

## ¿Quién te llevará a casa?

Diciembre de 2015

La banda terminó su última canción, el camarero anunció la última ronda y todos pedimos una última copa. Antes de que llegara, sentí una mano en mi hombro y escuché la pregunta: "¿Vienes aquí con frecuencia?". Levanté la vista y vi que era el cantante principal de la banda. De cerca, me di cuenta de que era un chico de mi último grupo base. Sabía que trabajaba en Wall Street, pero entonces recordé que tocaba en una banda un par de veces a la semana. Avergonzado, dije algo que no recuerdo y él respondió: "Te hemos echado de menos. ¿Estos son tus nuevos amigos? ¿Te dan buenos consejos aquí?".

Me encogí de hombros, esperando que se marchara. Me puso la mano en el brazo, se inclinó hacia delante, bajó la voz y dijo: "¿Quién te va a decir cuando es demasiado tarde? ¿Quién te va a decir que las cosas no son tan maravillosas? No puedes seguir pensando que no pasa nada. ¿Quién te llevará a casa esta noche?".

"Estoy bien", le dije. "Solo he tomado unas copas. Creía que ya habías terminado". Pero él continuó: "¿Quién te contendrá cuando tiembles? ¿Quién vendrá cuando te derrumbes? No puedes seguir pensando que no pasa nada. ¿Quién te llevará a casa esta noche?". Antes de que pudiera responder, me dijo: "Te llevaré a casa en tu auto. Mi mujer nos seguirá en el mío. Te recogeré a las 6:30 para la primera reunión matutina en St. Peters". Luego saludó al camarero y le dijo: "Su cuenta corre a mi cargo", mientras me acompañaba al estacionamiento, casi vacío. Por la gracia de mi Poder Superior, las reuniones y las personas de las salas como Jack, esa fue mi última copa.

Se dice que un corazón agradecido no bebe. Tampoco olvida. Cuatro años después, mientras conducía hacia un centro comercial, sonó en la radio la canción "Drive" de The Cars: "¿Quién te llevará a casa esta noche?".

Mientras las lágrimas rodaban por mis mejillas y caían de mi barbilla sobre el volante, mi esposa preocupada me preguntó: "¿Qué pasa, qué pasa?". Le respondí: "No pasa nada, es solo que a veces la vida es tan buena que lloro de alegría".

David J.
Cary, North Carolina

## Las primeras líneas

Enero de 2022

El hombre sudaba, temblaba y apenas podía articular una palabra debido al dolor. "Sabemos cómo te sientes", le dijo mi amigo de AA. "Hemos pasado por lo mismo".

Yo estaba tan nervioso que no sabía qué decir. Era mi primera visita del Duodécimo Paso y estaba tan "verde" como la hierba recién brotada. Con poco más de 90 días sobrio, me encontraba en una habitación lúgubre de una vieja pensión del centro de la ciudad en plena noche. La escena era igual que la del famoso cuadro de AA: "El hombre en la cama".

La llamada había llegado a medianoche. Los grupos de nuestra ciudad estaban disfrutando de la reunión maratónica de Año Nuevo en el salón de reuniones de una iglesia local. Un par de hombres de mi grupo respondieron la llamada y me eligieron para que fuera.

"Llévate a alguien contigo", me dijeron, así que cogí a un veterano de mi grupo y nos fuimos. El veterano se quejó durante todo el camino por tener que dejar la fiesta y por el barrio al que íbamos. Pero él fue, y afortunadamente fue quien principalmente habló. "¿Quieres que te llevemos al hospital?", logré decir con voz débil. El joven que había pedido ayuda solo negó con la cabeza.

En realidad, la novia del joven había hecho la llamada. Temía que él fuera a morir. Ella se quedó en la esquina opuesta de la habitación mientras hablábamos. Cuando terminamos, le dimos nuestros números de teléfono y ella nos dio las gracias. Nunca volví a saber nada de ninguno de los dos. Espero que eventualmente el chico encontrara el programa.

Unos meses más tarde, mi padrino me sugirió que me inscribiera en nuestro servicio local de atención telefónica de AA. Me halagó que pensara que podía hacerlo. La mayoría de las llamadas nocturnas que recibíamos eran de borrachos que sentían la "soledad de la medianoche" y solo necesitaban una voz al otro lado de la línea. Bueno, sin duda me identificaba con eso.

Uno de los hombres más tristes que he conocido llamó durante el día. Me llevé a mi amigo Kirk conmigo para conocer al hombre. Kirk era un tipo grande y eso facilitó las cosas. Fuimos a otro deprimente lugar en el centro de la ciudad. Llamamos a la puerta principal y el hombre nos respondió desde algún lugar de la parte de atrás. Entramos. Era el lugar más desagradable que había visto en mi vida. Cuando llegamos a la pequeña habitación en penumbras que había en la parte de atrás, el hombre estaba acurrucado en la cama con el televisor apoyado en su Libro Grande para no tener que sentarse para verlo. Estaba completamente solo en su miseria. No, no quería ir con nosotros a una reunión de AA, pero quería que fuéramos a verlo al día siguiente. Nos negamos. Tiempo después supe que bebió hasta morir. Eso sin duda me hizo reflexionar.

En otro momento, Kirk me acompañó a otra llamada de medianoche. El cuñado de un hombre nos pidió ayuda. Llamaremos a este hombre W. Era periodista y, al cabo de unos meses, sentí que lo conocía bien. Nos detuvimos junto a una casa pequeña y cuidada y el cuñado acompañó a W. hasta afuera donde estábamos. Estaba borracho, así que lo llevamos al hospital.

Dios bendiga al personal de todas las salas de emergencia. Se merecen nuestro respeto y gratitud. Luego de la interminable espera habitual, acompañaron al hombre a una cama, donde un médico cansado lo examinó. Mientras el médico hacía su trabajo, W. se movió y del bolsillo de su abrigo cayó una botella con media pinta de alcohol que hizo un ruido metálico.

El médico perdió los estribos cuando vio la botella. Creo que nunca había visto a un médico tan enfurecido. ¡Nos echaron del hospital sin contemplaciones! Volvimos a la pequeña y pulcra casa donde habíamos recogido al hombre. Su cuñado nos recibió en la puerta y se negó a llevarlo adentro de nuevo. Miré a Kirk y él me miró a mí. "¿Qué quieres que hagamos con él?", le pregunté. "Lo siento mucho, pero no me importa", respondió su cuñado. Y cerró la puerta.

Tiempo más tarde, W. se mudó a un pueblo cercano. Recibió ayuda de la Administración de Veteranos y dejó de beber. Así que, al menos, su historia tuvo un final feliz.

Un domingo por la tarde recibí una llamada y ninguno de mis amigos estaba en casa. En aquella época no teníamos teléfonos celulares, así que fui solo. No era una buena idea, pero al menos era de día. El tipo que había llamado al servicio de contestador era en realidad el amigo del hombre que necesitaba ayuda, y estaba casi tan borracho como el hombre por el que llamaba. Pero este hombre no estaba en absoluto interesado en hablar conmigo ni con nadie más. Lo encontré en la lúgubre sala de estar de una pequeña casa en la zona este. Había recibido su devolución de impuestos y se había abastecido de alcohol. Cuando terminaba una botella, la tiraba vacía al cubo grande que tenía a sus pies y abría otra. Llevaba bebiendo un par de días y me dijo, entre insultos, que lo dejara en paz. Le di a su amigo, que estaba medio borracho, el único consejo que se me ocurrió: "Quítale las llaves del auto". El principal peligro ahora era cortarse con los cristales rotos que había en el cubo grande.

Recibimos muchas llamadas de esposas, madres e, incluso, hermanas. El tipo que puedo esperar que asista a una reunión después de haberlo visitado es aquel cuya esposa está enfadada. Eso puede dar resultados. Afortunadamente, Al-Anon se reúne a la misma hora, así que hay sitio para todos.

Muchas de las llamadas pueden ser divertidas, dentro de la tristeza de la situación. Bueno, en ocasiones, más vale reír que llorar. La llamada más absurda fue la de un tipo al que mi padrino y yo tuvimos que convencer para que bajara del tejado. Suena un poco más dramático de lo que fue, pero solo un poco. Un amigo del programa fue demasiado generoso y dejó que el hombre se quedara en el pequeño cobertizo de herramientas que había detrás de la casa de empeños de la que era propietario. Me llamó una noche porque el tipo se había emborrachado hasta caer al piso y luego desapareció. Recogí a mi padrino y nos acercamos para buscar en los arbustos y ese tipo de cosas. Había una escalera de incendios que iba desde la parte trasera del edificio hasta el tejado y encontramos al tipo ahí arriba, de lado, tranquilamente desmayado con su botella entre los brazos. De alguna manera conseguimos bajarlo con su preciado vodka y lo llevamos al hospital. Mi auto siguió oliendo a vodka barato por un tiempo, lo que hizo que mi mujer sospechara terriblemente.

No pretendo tener una gran experiencia con las llamadas del Paso Doce. De vez en cuando, un hombre consigue dejar de beber y llevar una buena vida.

Hoy, un querido amigo mío, un borracho miserable (¡¿acaso no lo éramos todos?!), estaba en mal estado y tuvimos que hacer varios viajes a la sala de emergencia y a la guardia de desintoxicación local. Estaba tan nervioso e inquieto que tuvimos que vigilarlo bien de cerca. Simplemente no podía quedarse sentado. Se iba por ahí. En un momento dado, tuve que perseguirlo por el estacionamiento del hospital. Otro día, nos pusimos en contacto con él.

Aunque ahora no puedo prestar el mismo servicio que antes, el dicho de mi padrino sobre el Duodécimo Paso sigue siendo acertado: "Te mantuvo sobrio". Muy cierto.

Tom L.
Albany, Georgia

## En todos nuestros asuntos

Diciembre de 2021

Comparado con otros viejos como yo, soy un bendecido o tengo una suerte increíble. Creo sinceramente que mi Poder Superior me ayudó a dejar de beber. Sin embargo, nunca me dijo por qué lo hizo. Ahora creo que lo he descubierto.

En mis 74 años en este planeta, sigo padeciendo enfermedades y desafíos que hasta ahora no me han matado. Además del alcoholismo, me han realizado dos neurocirugías importantes por una enfermedad de la columna vertebral, una cirugía de cáncer de próstata y, ahora, una cirugía de reemplazo total de cadera.

No sientan pena por mí. Estoy llevando una vida bendecida. Mi Poder Superior me ha dejado muy en claro que la razón por la que se me ha concedido este don de la longevidad es para que pueda compartir mis experiencias con los demás. ¿No suena un poco extraño?

Hace seis años, cuando estaba acostado en la mesa de operaciones del centro oncológico esperando por mi cirugía de próstata, le pedí a mi Poder Superior que me dijera por qué me había dado cáncer. Un mes después, estaba en un grupo de supervivientes de cáncer de próstata compartiendo mi experiencia con otros pacientes con la misma enfermedad. Me quedó claro que, aplicando lo que había aprendido en mi programa de AA, podía ayudar a otros pacientes de cáncer, además de a mí mismo. Al principio, los demás supervivientes de cáncer se quedaron impresionados por mi "brillantez y experiencia", ya que se me ocurrieron ideas tan novedosas como conseguir un "padrino de cáncer", hacer una "lista de agradecimiento", prestar servicio en el grupo de supervivientes de cáncer y tender la mano y ayudar a otros pacientes con cáncer. Estas acciones funcionan en nuestros grupos de AA, así que ¿por qué no podían usarlas los pacientes con cáncer?

Hasta que rompí mi anonimato y le conté al grupo de cáncer sobre mi alcoholismo, ninguno de ellos sabía nada sobre los programas de recuperación de Doce Pasos. Desde entonces, le he contado a todas las personas que he conocido en mi recuperación del cáncer sobre mi alcoholismo y les he pedido que me llamen si necesitan ayuda para lidiar con el cáncer, especialmente si tienen problemas para mantenerse sobrios durante este período traumático de sus vidas.

Creo firmemente que los Pasos de AA establecen un plan en el que los principios de AA, como el servicio, se aplican a todos nuestros asuntos. Y eso incluye nuestros problemas de salud. La satisfacción que obtengo al ayudar a mis compañeros pacientes de cáncer no solo me mantiene sobrio, sino que me ayuda a lidiar con mi propio cáncer. ¿Quién sabe? Quizás esa sea la razón por la que Dios me ha mantenido con vida tanto tiempo.

Las recompensas que recibo son enormes. Ahora que he puesto mi vida en orden (bueno, casi en orden), he recuperado el amor de mi esposa de 52 años, así como el amor de nuestros dos maravillosos hijos, junto con sus esposas y, especialmente, mis cinco nietos y medio (es medio porque en tres semanas esperamos con alegría el nacimiento de otra nieta en Nashville). Las esposas de mis hijos no paran de dar a luz niñas. Bueno, casi todas niñas. Este último nacimiento será nuestra quinta nieta. Pero tenemos un apuesto nieto que vive en California. Lo que más me enorgullece es que ninguno de mis nietos ni ninguna de mis nueras me han visto borracho jamás.

Así que, gracias a AA; seguiré compartiendo mi experiencia mientras pueda. ¿Qué les parece eso de "en todos nuestros asuntos"?

Definitivamente Steve
Nashville, Tennessee

# LOS DOCE PASOS

1. Admitimos que éramos impotentes ante el alcohol, que nuestras vidas se habían vuelto ingobernables.
2. Llegamos a creer que un Poder Superior a nosotros mismos podría devolvernos el sano juicio.
3. Decidimos poner nuestras voluntades y nuestras vidas al cuidado de Dios, *como nosotros lo concebimos.*
4. Sin miedo hicimos un minucioso inventario moral de nosotros mismos.
5. Admitimos ante Dios, ante nosotros mismos, y ante otro ser humano, la naturaleza exacta de nuestros defectos.
6. Estuvimos enteramente dispuestos a dejar que Dios nos liberase de nuestros defectos.
7. Humildemente le pedimos que nos liberase de nuestros defectos.
8. Hicimos una lista de todas aquellas personas a quienes habíamos ofendido y estuvimos dispuestos a reparar el daño que les causamos.
9. Reparamos directamente a cuantos nos fue posible el daño causado, excepto cuando el hacerlo implicaba perjuicio para ellos o para otros.
10. Continuamos haciendo nuestro inventario personal y cuando nos equivocábamos lo admitíamos inmediatamente.
11. Buscamos a través de la oración y la meditación mejorar nuestro contacto consciente con Dios como nosotros lo concebimos, pidiéndole solamente que nos dejase conocer Su voluntad para con nosotros y nos diese la fortaleza para cumplirla.
12. Habiendo obtenido un despertar espiritual como resultado de estos pasos, tratamos de llevar el mensaje a los alcohólicos y de practicar estos principios en todos nuestros asuntos.

# LAS DOCE TRADICIONES

1. Nuestro bienestar común debe tener la preferencia; la recuperación personal depende de la unidad de AA.
2. Para el propósito de nuestro grupo solo existe una autoridad fundamental: un Dios amoroso tal como se exprese en la conciencia de nuestro grupo. Nuestros líderes no son más que servidores de confianza. No gobiernan.
3. El único requisito para ser miembro de AA es el deseo de querer dejar de beber.
4. Cada grupo debe ser autónomo, excepto en asuntos que afecten a otros grupos de AA o a AA considerado como un todo.
5. Cada grupo tiene un solo objetivo primordial: llevar el mensaje al alcohólico que aún está sufriendo.
6. Un grupo de AA nunca debe respaldar, financiar o prestar el nombre de AA a ninguna entidad allegada o empresa ajena, para evitar que los problemas de dinero, propiedad y prestigio nos desvíen de nuestro objetivo primordial.
7. Todo grupo de AA debe mantenerse completamente a sí mismo, negándose a recibir contribuciones ajenas.
8. AA nunca tendrá carácter profesional, pero nuestros centros de servicio pueden emplear trabajadores especiales.
9. AA como tal nunca debe ser organizada; pero podemos crear juntas o comités de servicio que sean directamente responsables ante aquellos a quienes sirven.
10. AA no tiene opinión acerca de asuntos ajenos a sus actividades; por consiguiente, su nombre nunca debe mezclarse en polémicas públicas.
11. Nuestra política de relaciones públicas se basa más bien en la atracción que en la promoción; necesitamos mantener siempre nuestro anonimato personal ante la prensa, la radio y el cine.
12. El anonimato es la base espiritual de todas nuestras Tradiciones, recordándonos siempre anteponer los principios a las personalidades.

# AA Grapevine

AA Grapevine es la revista internacional mensual de AA, que se publica ininterrumpidamente desde su primera edición en junio de 1944. El folleto de AA en el AA Grapevine describe su alcance y propósito de este modo: “Como una parte integral de Alcohólicos Anónimos, desde 1944 el Grapevine publica artículos que reflejan la amplia diversidad de experiencia e ideas que hay dentro de la Comunidad de AA, y así también lo hace La Viña, la revista bimensual en español, publicada por primera vez en 1996. En las páginas de la revista no se incluye ningún punto de vista ni filosofía dominante, y al momento de preparar el contenido, el personal editorial se basa en los principios de las Doce Tradiciones”.

Además de las revistas, AA Grapevine, Inc. también produce libros, eBooks, audiolibros, aplicaciones móviles, un pódcast semanal, una cuenta de Instagram, un canal de YouTube y otro tipo de materiales. Asimismo, ofrece una suscripción completa al Grapevine que incluye la revista impresa, así como el acceso completo en línea a historias semanales nuevas, el AudioGrapevine (la versión en audio de la revista), al vasto Archivo de historias del Grapevine y las ediciones en línea actuales del Grapevine y La Viña. Para obtener más información sobre AA Grapevine o para suscribirse a cualquiera de estas opciones, visite el sitio web de la revista ingresando a aagrapevine.org o por escrito a:

AA Grapevine, Inc.
475 Riverside Drive
New York, NY 10115

# Alcohólicos Anónimos

El programa de recuperación de AA se basa íntegramente en su texto básico, *Alcohólicos Anónimos* (comúnmente conocido como el Libro Grande), ya en su cuarta edición, así como en los libros *Doce Pasos y Doce Tradiciones*, *Viviendo sobrio* y otros. Además, puede obtener información sobre AA en el sitio web de AA, en www.aa.org o por escrito a:

Alcoholics Anonymous
Box 459
Grand Central Station
New York, NY 10163

Para obtener recursos locales, consulte su directorio telefónico local, en “Alcoholics Anonymous” (Alcohólicos Anónimos). En AA también se encuentran disponibles cuatro folletos: “Esto es AA”, “¿Es AA para usted?”, “44 preguntas” y “Un principiante pregunta”.